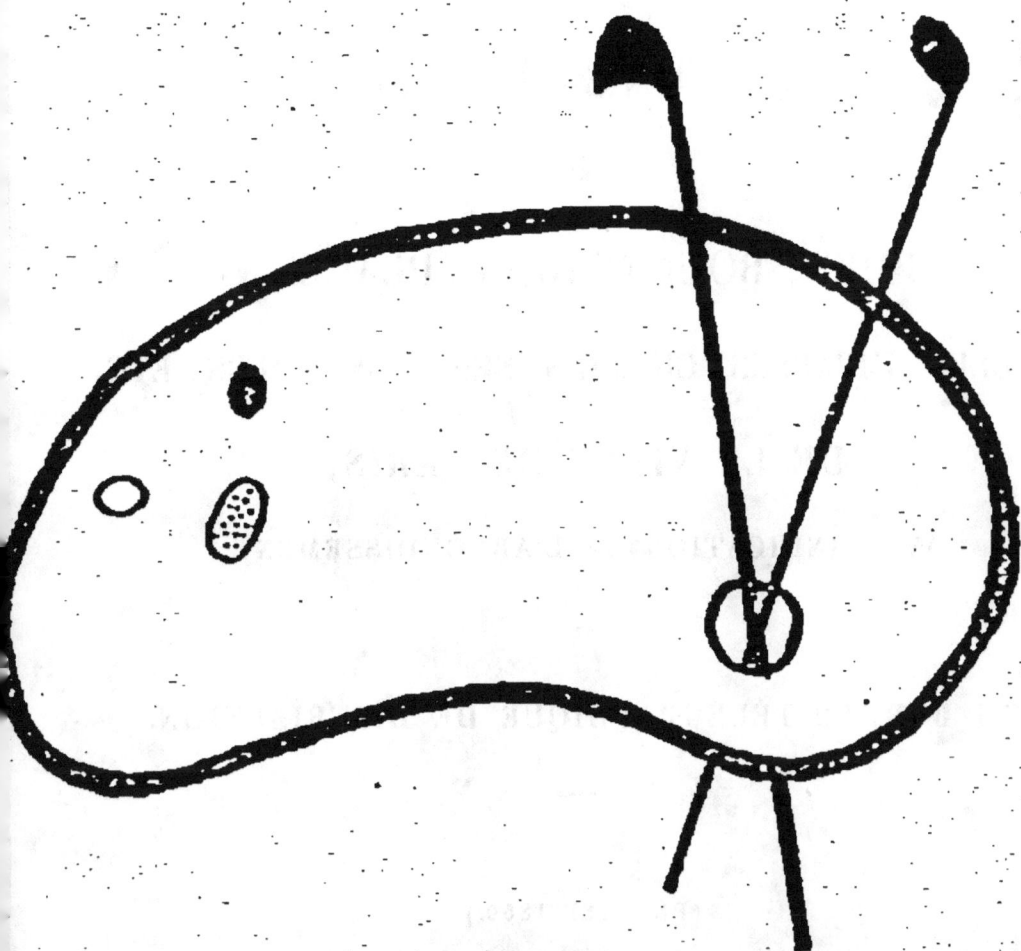

DEBUT D'UNE SERIE DE DOCUMENTS
EN COULEUR

NOMENCLATURE

DES

RUES, BOULEVARDS, PLACES,

RUELLES, IMPASSES, CHEMINS, SENTIERS, COURS, ETC.

DE LA VILLE DE PARIS,

AVEC INDICATION DE L'ARRONDISSEMENT

ET

DU BUREAU TÉLÉGRAPHIQUE DE DISTRIBUTION.

———

(FÉVRIER 1869.)

Imprimés. — Modèle n° 405.

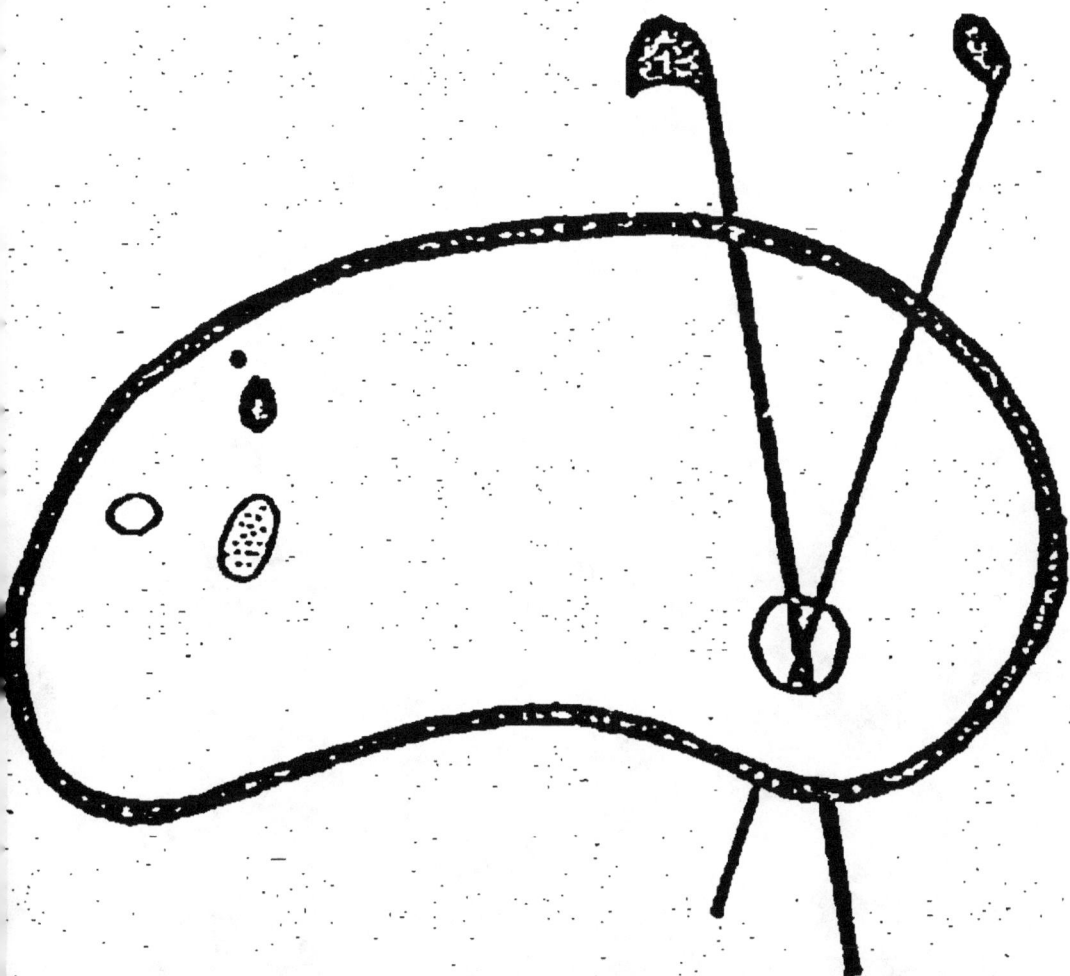

FIN D'UNE SERIE DE DOCUMENTS
EN COULEUR

NOMENCLATURE

DES

RUES, BOULEVARDS, PLACES,

RUELLES, IMPASSES, CHEMINS, SENTIERS, COURS, ETC.

DE LA VILLE DE PARIS,

AVEC INDICATION DE L'ARRONDISSEMENT

ET

DU BUREAU TÉLÉGRAPHIQUE DE DISTRIBUTION.

────────

(Février 1869.)

Imprimés. — Modèle n° 405.

Nota. Cette nomenclature, comprenant par ordre alphabétique les noms des rues, places, boulevards, etc. de Paris, a été dressée en vue du service télégraphique.

On a groupé ensemble les diverses voies portant le même nom et desservies par le même bureau.

Ainsi, le boulevard d'Italie, la route d'Italie, la place d'Italie et la porte d'Italie, desservis par le bureau des Gobelins, sont groupés comme il suit : **ITALIE (boulevard, route, place, porte d')**.

Afin de faciliter les recherches, on considère les noms des rues, places, boulevards, etc. comme indivisibles, et on les a classés dans un ordre alphabétique rigoureux.

Ainsi, la rue Neuve-des-Mathurins se trouvera à la lettre N; la rue de la Grande-Chaumière, à la lettre G.

Les rues commençant par les mots *Saint* ou *Sainte* ont été classées à la fin de la liste des rues commençant par S.

Les anciens noms des rues qui ont changé de dénomination sont l'objet d'une nomenclature spéciale, placée à la fin du volume, où on les retrouvera au besoin avec indication de la désignation actuelle et du bureau distributeur.

Les bureaux distributeurs sont indiqués par leur *désignation abrégée*, donnée au tableau ci-contre.

BUREAUX.	DÉSIGNATION ABRÉGÉE.
AUTEUIL (N° 10, rue d')............................	Auteuil.
BELLEVILLE (N° 113, rue de Puebla, à)............	Belleville.
BERCY (N° 2, rue de Mâcon, à)....................	Bercy.
BOISSY-D'ANGLAS (N° 3, rue).....................	R. Boissy.
BOURSE (N° 12, place de la)...................... (Service permanent.)	Bourse.
CENTRAL (N° 103, rue de Grenelle-Saint-Germain, bureau). (Service permanent.)	Central.
CHAMPS-ÉLYSÉES (N° 33, avenue des)............ (Ouvert jusqu'à minuit.)	Ch.-Élysées.
CHAPELLE (N° 102, Grande-Rue, à la).............	La Chapelle.
CHÂTEAU-D'EAU (N° 2, place du).................	Chât.-d'Eau.
CLICHY (N° 73, avenue de)........................	Av. Clichy.
CORPS LÉGISLATIF (Rue de Bourgogne, au)........ (Ouvert seulement pendant la session. Pas de distribution extérieure.)	C. législatif.
COURCELLES (N° 88, boulevard de)...............	B. Courcelles.
ÉCOLE MILITAIRE (Pavillon de l'artillerie, à l')......	École milit.
GARE DE LYON (Boulevard Mazas, côté du départ, à la)...	G. de Lyon.
GARE DE MONTPARNASSE (La)...................... (Pas de distribution extérieure.)	G. Montparnasse.
GARE DU NORD (N° 24, place Roubaix, à la)........ (Ouvert jusqu'à minuit.)	G. du Nord.
GARE D'ORLÉANS (N° 77, rue de la Gare, à la)......	G. d'Orléans.
GOBELINS (N° 6, route d'Italie, quartier des).......	Gobelins.
GRAND-HÔTEL (Boulevard des Capucines, au)....... (Ouvert jusqu'à minuit et demi.)	Gr.-Hôtel.
GRENELLE (N° 70, rue du Théâtre, à).............	Grenelle.
HALLE AUX CUIRS (Rue de Santeuil, à la)..........	Halle Cuirs.
HALLES-CENTRALES (N° 22, rue des)..............	Halles-Centr.

1

BUREAUX.	DÉSIGNATION ABRÉGÉE.
HAVRE (N° 126, rue Saint-Lazare, sur la place du) .... (Ouvert jusqu'à minuit.)	Pl. Havre.
HÔTEL DE VILLE (Rue de Rivoli, à l') .... (Ouvert jusqu'à minuit.)	H. Ville.
LAFAYETTE (N° 35, rue)	R. Lafayette.
LYON (N°ˢ 57 et 59, rue de) .... (Ouvert jusqu'à minuit.)	R. de Lyon.
MADELEINE (N° 4, boulevard Malesherbes, près la)	Madeleine.
MAGASIN DES LIGNES TÉLÉGR. (N° 24, rue Bertrand, au) ...	Magasin.
MARCHÉ AUX BESTIAUX (N° 211, rue d'Allemagne, pᵗᵉ de la Villette, grand). (Pas de distribution extérieure.)	Marché Best.
MONTMARTRE (N° 48, boulevard Rochechouart, à)	Montmartre.
MONTROUGE (N° 8, route d'Orléans, à)	Montrouge.
NAPOLÉON (N° 2, avenue) .... (Ouvert jusqu'à minuit.)	Av. Napoléon.
PASSY (N° 2, place de)	Passy.
PORTE SAINT-DENIS (N° 16, boulevard Saint-Denis, près la).	P. Sᵗ-Denis.
POSTES (N° 53, rue J.-J.-Rousseau, près l'hôtel des)	H. Postes.
PRINCE-EUGÈNE (N° 134, boulevard du)	Prince-Eug.
RENNES (N° 154, rue de)	R. Rennes.
SAINTE-CÉCILE (N° 2, rue)	Sᵗᵉ-Cécile.
SAINT-GERMAIN (N° 14, boulevard)	B. Sᵗ-Germain.
SAINT-MICHEL (N° 6, place)	Pl. Sᵗ-Michel.
SAINT-PÉTERSBOURG (N° 51, rue de)	R. Sᵗ-Pétersb.
SAINTS-PÈRES (N° 31, rue des)	Saints-Pères.
SÉNAT (N° 17, rue de Vaugirard, palais du) .... (Ouvert jusqu'à minuit.)	Sénat.
STRASBOURG (N° 8, rue de)	R. de Strasb.

BUREAUX.	DÉSIGNATION ABRÉGÉE.
TERNES (N° 80, avenue de la Grande-Armée, aux)	Ternes.
TRÔNE (N° 283, boulevard du Prince-Eug., sur la place du).	Pl. Trône.
VAUGIRARD (N° 80, Grande-Rue, à)	Vaugirard.
VENDÔME (N° 15, place)	Pl. Vendôme.
(Fermé à 6 heures du soir.)	
VIEILLES-HAUDRIETTES (N° 6, rue des)	Vieilles-Haud.
VILLETTE (N° 43, rue de Flandre, à la)	Villette.

ARRON-DIS-SEMENT.	NOMS DES RUES, PLACES, BOULEVARDS, ETC.	BUREAU DISTRIBUTEUR.	
	A		
	ABATTOIRS.		
17	ABATTOIR des Batignolles.........	Av. Clichy.	
19	———— de Belleville.............	Belleville.	
15	———— de Grenelle...........	École milit.	
11	———— de Ménilmontant........	Prince-Eug.	
9	———— de Montmartre.........	R. Lafayette.	
11	———— Popincourt...........	Prince-Eug.	
15	———— de porcs.............	R. Rennes.	
13	———— de Villejuif...........	Gobelins.	
19	———— de la Villette..........	Marché Best.	
12	ABATTOIR (Rue de l')...........	Bercy.	
8	ABATUCCI (Rue) :		
	1, 2 à 27, 24............	Madeleine.	
	29, 26 à fin............	Ch.-Élysées.	
12	ABBAYE (Cour et enclos de l')......	Pl. Trône.	
	(Rue du Faubourg-Saint-Antoine, n° 170.)		
6	ABBAYE (Passage de l')...........	Saints-Pères.	
6	ABBAYE (Rue de l').............	Saints-Pères.	
7	ABBAYE-AUX-BOIS (Église, couv. de l').	Saints-Pères.	
5	ABBÉ-DE-L'ÉPÉE (Rue de l')........	Sénat.	
7	ABBÉ-DE-LA-SALLE (Avenue de l')...	École milit.	

ARRON-DIS-SEMENT.	NOMS DES RUES, PLACES, BOULEVARDS, ETC.	BUREAU DISTRIBUTEUR.	
15	ABBÉ-GROULT (Rue de l') :		
	12 à	Grenelle.	
	à fin.	Vaugirard.	
18	ABBESSES (Rue, place des), ...	Montmartre.	
10	ABBEVILLE (Rue d')	G. du Nord.	
12	ABEL-LAURENT (Cour).	Bercy.	
2	ABOUKIR (Rue d') :		
	1, 2 à 79, 78.	H. Postes.	
	81, 80 à fin	P. St-Denis.	
17	ABOULAY (Impasse).	Av. Clichy.	
18	ABREUVOIR (Rue, place de l')	Montmartre.	
17	ACACIAS (Rue, impasse, passage des).	Ternes.	
18	ACACIAS (Rue, passage des).	Montmartre.	
15	ACACIAS (Ruelle des)	Vaugirard.	
5	ACADÉMIE des Beaux-Arts.	Saints-Pères.	
6	ACADÉMIE Française (Institut).	Saints-Pères.	
6	ACAD.des Insc. et Belles-Lettres (Instit.)	Saints-Pères.	
6	ACADÉMIE de Médecine.	Saints-Pères.	
6	ACADÉMIE des Sciences (Institut). . .	Saints-Pères.	
6	ACAD. des Sciences mor. et polit. (Inst.)	Saints-Pères.	
20	ACHILLE (Rue).	Prince-Eug.	
4	ADAM (Rue).	Halles-Centr.	

ARRON-DIS-SEMENT.	NOMS DES RUES, PLACES, BOULEVARDS, ETC.	BUREAU DISTRIBUTEUR.	
12	ADÈLE (Passage)................	G. de Lyon.	
18	AFFRE (Rue)....................	La Chapelle.	
7	AGRIC., du com. et des trav. pub. (Min. de l').	Central.	
7	AGRICULT. et du com. (Direct. de l').	Central.	
8	AGUESSEAU (Rue, marché d').....	Madeleine.	
12	AGUTT (Passage)................	R. de Lyon.	
1	(Rue Saint-Nicolas, n° 18.) AIGUILLERIE (Rue de l')..........	Halles-Centr.	
16	AIMÉE (Avenue)................	Passy.	
15	(Rue de la Tour, n° 33.) ALAIN-CHARTIER (Rue)..........	Vaugirard.	
8	ALBE (Rue d').................	Ch.-Élysées.	
10	ALBOUY (Rue) :		
	1, 2 à 9, 10.............	P. St-Denis.	
	11, 12 à fin.............	R. de Strasb.	
14	ALEMBERT (Rue d').............	Montrouge.	
3	ALEMBERT (Passage)............	Vieilles-Haud.	
14	ALESIA (Rue).................	Montrouge.	
15	ALEXANDRE (Passage)...........	R. Rennes.	
18	ALEXANDRE (Passage)...........	Montmartre.	
1	ALGER (Rue d')...............	Pl. Vendôme.	
10	ALIBERT (Rue, impasse).........	Chât.-d'Eau.	
1	ALIGRE (Cour, passage d').......	Av. Napoléon.	
12	ALIGRE (Place d')....	G. de Lyon.	

ARRON-DIS-SEMENT.	NOMS DES RUES, PLACES, BOULEVARDS, ETC.	BUREAU DISTRIBUTEUR.	
12	ALIGRE (Rue d').	G. de Lyon.	
12	ALLAIN (Cour).	Bercy.	
11	ALLÉE-VERTE (Passage de l').	R. de Lyon.	
19	ALLEMAGNE (Rue, route d').	Villette.	
7	ALLENT (Rue).	Saints-Pères.	
15	ALLERAY (Rue, place).	Vaugirard.	
8	ALMA (Avenue de l').	Ch.-Élysées.	
7	ALMA (Passage, cité de l'). . . . . (Rue Saint-Dominique, n° 217.)	École milit.	
20	ALMA (Passage de l').	Belleville.	
7	ALMA (Pont de l').	Central.	
3	ALOMBERT (Passage). . . . . (Rue des Gravilliers, n° 26.)	Vieilles-Haud.	
19	ALOUETTES (Rue, impasse des). . . .	Belleville.	
13	ALPHANT (Passage).	Gobelins.	
15	ALPHONSE (Rue).	Grenelle.	
10	ALSACE (Rue d').	R. de Strasb.	
11	AMANDIERS (Avenue des) :		
	1, 2 à	Chât.-d'Eau.	
	à fin (projetée).	Prince-Eug.	
20	AMANDIERS (Cité, impasse des).	Belleville.	
11	AMANDIERS (Passage des).	Prince-Eug.	
20	AMANDIERS (Rue des).	Belleville.	
10	AMBIGU-COMIQUE (Pass., théât. de l').	P. St-Denis.	

ARRON-DIS-SEMENT.	NOMS DES RUES, PLACES, BOULEVARDS, ETC.	BUREAU DISTRIBUTEUR.	
2	AMBOISE (Rue d').............	Bourse.	
10	AMBROISE-PARÉ (Rue)...........	G. du Nord.	
15	AMÉLIE (Impasse).............	Vaugirard.	
7	AMÉLIE (Rue)...............	Central.	
11	AMELOT (Rue) :		
	1, 2 à	R. de Lyon.	
	à fin..............	Chât.-d'Eau.	
7	AMORTISSEMENT (Caisse d').......	Central.	
17	AMOUREUX (Passage l')..........	Ternes.	
17	AMPÈRE (Rue).	B. Courcelles.	
8-9	AMSTERDAM (Rue d') :		
	1, 2 à 43, 58...........	Pl. Havre.	
	45, 60 à fin............	R. St-Pétersb.	
5	AMYOT (Rue)...............	Sénat.	
5	ANATOMIE (Amphithéâtre d').	Halle Cuirs.	
11	ANCEL ou SAINT-SÉBASTIEN (Passage).	Chât.-d'Eau.	
6	ANCIENNE-COMÉDIE (Rue de l')....	Pl. St-Michel.	
3	ANCRE (Passage de l')...........	Halles-Centr.	
16	ANDRÉINE (Rue).............	Ternes.	
8	ANDRIEUX (Rue).............	Pl. Havre.	
18	ANDRIEUX (Rue, passage)........	Av. Clichy.	
18	ANDROUËT (Rue).............	Montmartre.	

ARRON- DIS- SEMENT.	NOMS DES RUES, PLACES, BOULEVARDS, ETC.	BUREAU DISTRIBUTEUR.	
9	ÂNES (Cour aux)............ (Rue Lamartine, n° 40.)	R. Lafayette.	
1	ANGLADE (Rue de l')............	Av. Napoléon.	
19	ANGLAIS (Impasse, passage des). ...	Villette.	
5	ANGLAIS (Rue des)............	Pl. St-Michel.	
13	ANGLAISES (Rue des).	Halle Cuirs.	
8	ANGLETERRE (Ambassade d')....... (Rue du Faubourg-Saint-Honoré, n° 39.)	R. Boissy.	
11	ANGOULÊME (Rue, place, cité, pass. d').	Chât.-d'Eau.	
4	ANJOU (Quai d')...............	B.St-Germain.	
12	ANJOU (Rue d')...............	Bercy.	
3	ANJOU-AU-MARAIS (Rue d')........	Vieilles-Haud.	
8	ANJOU-SAINT-HONORÉ (Rue d') :		
	1, 2 à 61, 56...	Madeleine.	
	63, 58 à fin............	Pl. Havre.	
19	ANNELETS (Rue des)............	Belleville.	
11	ANNONCIADES (Rue des).	Prince-Eug.	
16	ANNONCIATION (Église de l').	Passy.	
16	ANNONCIATION (Rue de l')..........	Passy.	
8	ANTIN (Allée ou avenue, impasse d').	Ch.-Élysées.	
9	ANTIN (Cité, passage d').........	R. Lafayette.	
14	ANTIN (Cité d')...............	Montrouge.	
18	ANTIN (Impasse d').	R. St-Pétersb.	
2	ANTIN (Rue d')...............	Gr.-Hôtel.	

ARRON-DIS-SEMENT.	NOMS DES RUES, PLACES BOULEVARDS, ETC.	BUREAU DISTRIBUTEUR.	
9	ANTIN (Rue de la Chaussée-d') :		
	1, 2 à 13, 36	Gr.-Hôtel.	
	15, 38 à fin	Pl. Havre.	
6	ANTOINE-DUBOIS (Rue)	Sénat.	
18	ANTOINETTE (Rue)	Montmartre.	
14	AQUEDUCS (Chemin des)	Montrouge.	
13-14	ARAGO (Boulevard) :		
	(Probable) 1, 2 à 20, 21 . . .	Halle Cuirs.	
	à fin	Montrouge.	
5	ARBALÈTE (Rue, passage de l')	Halle Cuirs.	
1	ARBRE-SEC (Rue de l')	Av. Napoléon.	
16-17	ARC DE TRIOMPHE (et place de l') . . .	Ch.-Élysées.	
17	ARC-DE-TRIOMPHE (Rue de l')	Ternes.	
18	ARCADE (Passage de l')	Montmartre.	
8	ARCADE (Rue de l') :		
	1, 2 à 45, 46	Madeleine.	
	47, 48 à fin	Pl. Havre.	
17	ARCET (Rue d')	R. St-Pétersb.	
7	ARCHEVÊCHÉ (L')	Central.	
4	ARCHEVÊCHÉ (Place, jardin de l') . . .	Pl. St-Michel.	
4	ARCHEVÊCHÉ (Pont, quai de l')	Pl. St-Michel.	
3	ARCHIVES IMPÉRIALES (Dir. gén. des).	Vieilles-Haud.	

ARRON-DIS-SEMENT.	NOMS DES RUES, PLACES, BOULEVARDS, ETC.	BUREAU DISTRIBUTEUR.	
4	ARCOLE (Rue, pont d')...........	Pl. St-Michel.	
14	ARCUEIL (Boulevard d')..........	Montrouge.	
6	ARCUEIL (Château d'eau d')...... (Rue Racine, n° 11.)	Sénat.	
14	ARCUEIL (Chemin, porte d')......	Montrouge.	
19	ARDENNES (Rue des)............	Villette.	
4	ARGENSON (Impasse d').........	H. Ville.	
8	ARGENSON (Rue d').............	Madeleine.	
1	ARGENTEUIL (Rue d')...........	Av. Napoléon.	
19	ARGONNE (Rue, place de l').....	Villette.	
1	ARGOUT (Rue d')...............	H. Postes.	
17	ARMAILLÉ (Rue, place d').......	Ternes.	
7	ARMÉNIENS (Collége des)....... (Rue Monsieur, n° 10.)	Central.	
15	ARMORIQUE (Rue de l').........	Vaugirard.	
5	ARRAS (Rue d')................	B. St-Germain.	
15	ARRIVÉE (Rue de l')...........	R. Rennes.	
4	ARSENAL (Bibliothèque de l').....	R. de Lyon.	
4-12	ARSENAL (Rue, gare, place de l')...	R. de Lyon.	
7	ARTILLERIE (Dépôt et Musée d')....	Saints-Pères.	
18	ARTISTES (Impasse, passage des)...	Montmartre.	
14	ARTISTES (Rue des)............	Montrouge.	
16	ARTISTES-PASSY (Rue des)........	Passy.	
17	ARTS (Cité des)............... (Avenue de Clichy, n° 115.)	Av. Clichy.	

ARRON-DIS-SEMENT.	NOMS DES RUES, PLACES, BOULEVARDS, ETC.	BUREAU DISTRIBUTEUR.	
14	ARTS (Passage, rue des).........	Montrouge.	
1	ARTS (Pont des)...............	Saints-Pères.	
3	ARTS ET MANUFACTURES (École des).	Vieilles-Haud.	
3	ARTS ET MÉTIERS (Conserv. et sq. des)	P. St-Denis.	
20	ASILE (Impasse de l')...........	Belleville.	
11	ASILE-POPINCOURT (Rue, passage de l')	R. de Lyon.	
17	ASNIÈRES (Route, porte d').......	B. Courcelles.	
6	ASSAS (Place, impasse d')........	Sénat.	
6	ASSAS (Rue d') :		
	1, 2 à 23, 32..............	Sénat.	
	25, 34 à fin..............	R. de Rennes.	
19	ASSELIN-BELLEVILLE (Rue).......	Belleville.	
4	ASSISTANCE PUBLIQUE (Admin.on de l'). (Avenue Victoria, n° 3.)	H. Ville.	
1	ASSOMPTION (Église de l')........	R. Boissy.	
16	ASSOMPTION (Rue de l')	Passy.	
8	ASTORG (Rue d')...............	Madeleine.	
17	ATELIERS de la gare des Batignolles.	Av. Clichy.	
1	ATHÈNES (Passage d')........... (Rue Saint-Honoré, n° 178.)	Av. Napoléon.	
9	AUBER (Rue).................	Gr.-Hôtel.	
2	AUBERT (Passage).............	P. St-Denis.	
18	AUBERVILLIERS-LA-CHAPELLE (G.re d'). (Près la porte d'Aubervilliers.)	La Chapelle.	
18-19	AUBERVILLIERS (Chemin, porte d')..	La Chapelle.	

ARRON- DIS- SEMENT.	NOMS DES RUES, PLACES, BOULEVARDS, ETC.	BUREAU DISTRIBUTEUR.	
18-19	AUBERVILLIERS (Rue d') ou des VERTUS.	La Chapelle.	
4	AUDIGNÉ (Rue d')...............	R. de Lyon.	
17	AUBLET (Villa).................	Ternes.	
4	AUBRIOT (Rue)................	H. Ville.	
4-1	AUBRY-LE-BOUCHER (Rue).........	Halles-Centr.	
18	AUDRAN (Rue)................	Montmartre.	
20	AUDRIETTES (Sentier des)........	Prince-Eug.	
20	AUGER (Rue).................	Pl. Trône.	
18	AUGUSTIN-COTTIN (Rue).........	Montmartre.	
3	AUMAIRE (Rue)...............	Vieilles-Haud.	
20	AUMAIRE (Rue)...............	Prince-Eug.	
9	AUMALE (Rue d')..............	R. Lafayette.	
19	AUMALE (Rue d')..............	Villette.	
	(Non habitée.)		
17	AUNAY (Passage d')............	Av. Clichy.	
13	AUSTERLITZ (Quai, pont d').......	G. d'Orléans.	
16	AUTEUIL (Port, quai, pl., pte et r. d').	Auteuil.	
16	AUTEUIL (Villa d').............	Auteuil.	
	(Grande-Rue, n° 33.)		
7	AUTRICHE (Ambassade d')........	Central.	
	(Rue de Grenelle-Saint-Germain, n° 101.)		
4	AVE-MARIA (Caserne de l')........	H. Ville.	
13	AVENIR (Impasse de l')..........	Gobelins.	
16	AYMÈS (Avenue)...............	Auteuil.	

ARRON-DIS-SEMENT.	NOMS DES RUES, PLACES, BOULEVARDS, ETC.	BUREAU DISTRIBUTEUR.	
	B		
1	BABILLE (Rue)	H. Postes.	
7	BABYLONE (Rue, caserne de)	Central.	
13	BAC (Impasse du)	Gobelins.	
7	BAC (Rue du)	Central.	
16	BAC (Rue du)	Auteuil.	
17	BAC-D'ASNIÈRES (Rue, impasse du) . .	B. Courcelles.	
18	BACHELET (Rue, escalier)	Montmartre.	
19	BACHET *ou* BOUCHET (Impasse)	Villette.	
6	BAGNEUX (Rue de)	R. Rennes.	
20	BAGNOLET (Rue, porte de)	Prince-Eug.	
19	BAGNOLET (Rue de)	Belleville.	
1	BAILLET (Rue)	Av. Napoléon.	
1	BAILLEUL (Rue)	Av. Napoléon.	
1	BAILLIF (Rue)	Av. Napoléon.	
3	BAILLY (Rue)	Vieilles-Haud.	
18	BAINS (Cité, impasse des)	Montmartre.	
2	BAINS (Galerie des) . . . . (Passage du Saumon.)	H. Postes.	
2	BAINS (Passage des) . . . . (Rue Montmartre, n° 5o.)	H. Postes.	
1	BAINS du Louvre	Av. Napoléon.	
1	BAINS du pont des Arts	Av. Napoléon.	
4	BAINS du pont Marie	H. Ville.	

ARRON-DIS-SEMENT.	NOMS DES RUES, PLACES, BOULEVARDS, ETC.	BUREAU DISTRIBUTEUR.	
1	Bains du pont Neuf *ou* de la Samarit^{ne}	Av. Napoléon.	
1	Bains du pont Royal *ou* Vigier . . . . . (Quai du Louvre.)	Av. Napoléon.	
7	Bains du pont Royal . . . . (Quai d'Orsay.)	Central.	
17	Balagny (Rue de)	Av. Clichy.	
8	Balzac (Rue de)	Ch.-Élysées.	
15	Banis (Cité)	Vaugirard.	
2	Banque (Rue de la)	Bourse.	
1	Banque de France	H. Postes.	
13	Banquier (Rue du)	Halle Cuirs.	
13	Banquier (Petite-Rue du)	Gobelins.	
19	Barbanègre (Rue)	Villette.	
7	Barbet-de-Jouy (Rue)	Central.	
19	Barbette (Cité)	Belleville.	
3	Barbette (Rue)	Vieilles-Haud.	
15	Bargue (Rue)	Vaugirard.	
9	Baromètre (Galerie du) . . . . (Passage de l'Opéra.)	Bourse.	
6	Barouillère (Rue de la)	R. Rennes.	
6	Barrage de la Monnaie	Saints-Pères.	
13	Barrault (Rue, ruelle)	Gobelins.	
4	Barres-Saint-Gervais (Rue des)	H. Ville.	
12	Barrié (Impasse)	G. de Lyon.	
3	Barrois (Passage) . . . . (Rue des Gravilliers, n° 34.)	Vieilles-Haud.	

ARRON- DIS- SEMENT.	NOMS DES RUES, PLACES, BOULEVARDS, ETC.	BUREAU DISTRIBUTEUR.	
18	BARTHÉLEMY (Cité)............	Av. Clichy.	
15	BARTHÉLEMY (Rue)............	École milit.	
19	BARTHÉLEMY (Villa, cité)........	Belleville.	
2	BASFOUR (Passage, impasse)......	H. Postes.	
11	BASFROI (Rue)...............	Prince-Eug.	
15	BAS-MEUDON (Porte du)........	Grenelle.	
20	BAS-MONTIBOEUFS (Sentier des).....	Belleville.	
8	BASSANO (Rue)...............	Ch.-Élysées.	
5	BASSE-DES-CARMES (Rue)........	Pl. St-Michel.	
4	BASSE-DES-URSINS (Rue)........	Pl. St-Michel.	
9	BASSE-DU-REMPART (Rue).......	Madeleine.	
19	BASSE-SAINT-DENIS (Rue)........	Belleville.	
20	BASSES-GATINES (Rue des)........	Belleville.	
20	BASSES-VIGNOLES (Rue des).......	Prince-Eug.	
16	BASSINS-CHAILLOT (Rue des)......	Ch.-Élysées.	
4	BASSOMPIERRE (Rue)...........	R. de Lyon.	
19	BASTE (Rue)................	Villette.	
11-12	BASTILLE (Place de la)..........	R. de Lyon.	
16	BATAILLES (Rue, carrefour des)....	Ch.-Élysées.	
17	BATIGNOLLAISES (Rue des)........	R. St-Pétersb.	
8-17	BATIGNOLLES (Boulevard des)......	R. St-Pétersb.	
17	BATIGNOLLES (Place des).........	Av. Clichy.	

ARRONDISSEMENT.	NOMS DES RUES, PLACES, BOULEVARDS, ETC.	BUREAU DISTRIBUTEUR.	
17	BATIGNOLLES (Rue des).............	R. St-Pétersb.	
5	BATTOIR-SAINT-MARCEL (Rue du)...	B.St-Germain.	
16	BAUCHES (Rue des).............	Passy.	
12	BAUDAIN (Cour)...............	Bercy.	
13	BAUDELIQUE (Rue, passage, impasse).	Montmartre.	
9	BAUDIN (Rue).................	St-Cécile.	
4	BAUDOYER (Place).............	H. Ville.	
13	BAUDRANT (Impasse)............. (Rue du Bel-Air.)	Gobelins.	
13	BAUDRICOURT (Rue)............	Gobelins.	
4	BAUDROIERIE (Impasse de la)...... (Rue de Venise.)	H. Ville.	
14	BAUER (Cité)................ (Rue du Terrier-aux-Lapins, n° 36.)	Montrouge.	
8	BAUME (Rue de la).............	Ch.-Élysées.	
15	BAUSSET (Rue)................	Vaugirard.	
15	BAYARD (Impasse).............	École milit.	
8	BAYARD (Rue).................	Ch.-Élysées.	
17	BAYEN (Rue).................	Ternes.	
9	BAZAR EUROPÉEN (Le)........... (Passage Jouffroy.)	Bourse.	
2	BAZAR DE L'INDUSTRIE...........	Bourse.	
4	BAZAR DES HALLES-CENTRALES...... (Rue Saint-Denis, n° 14.)	Halles-Centr.	
3	BÉARN (Rue, impasse de)........	R. de Lyon.	
15	BEAU-GRENELLE (Place).........	Grenelle.	
3	BEAUBOURG (Impasse)..........	Vieilles-Haud.	

ARRON-DIS-SEMENT.	NOMS DES RUES, PLACES, BOULEVARDS, ETC.	BUREAU DISTRIBUTEUR.	
4-3	BEAUBOURG (Rue) :		
	1, 2 à 19, 20.............	H. Ville.	
	21, 22 à fin.............	Vieilles-Haud.	
3	BEAUCE (Rue de).............	Vieilles-Haud.	
8	BEAUCOURT (Impasse, avenue).....	Ch.-Élysées.	
11	BEAUHARNAIS (Cité)............	Prince-Eug.	
12	BEAUJOLAIS (Passage)...........	Bercy.	
1	BEAUJOLAIS (Rue, galer., pass., périst.) (Palais-Royal.)	Av. Napoléon.	
8	BEAUJON (Cité, hospice, rue)......	Ch.-Élysées.	
12	BEAULIEU (Rue)...............	Bercy.	
3-4-11	BEAUMARCHAIS (Boulevard, théâtre).	R. de Lyon.	
7	BEAUNE (Rue de).............	Saints-Pères.	
12	BEAUNE-BERCY (Rue de).........	Bercy.	
14	BEAUNIER (Rue)...............	Montrouge.	
2	BEAUREGARD (Rue).....	P. St-Denis.	
2	BEAUREPAIRE (Cité)............	H. Postes.	
16	BEAUSÉJOUR (Boulevard, villa).....	Passy.	
4	BEAUTREILLIS (Rue)............	R. de Lyon.	
12	BEAUVAU ou DES VIEILLARDS (Hosp.). (Rue de Beccaria, n° 10.)	G. de Lyon.	
8	BEAUVAU (Place)...............	R. Boissy.	
12	BEAUVAU-St-ANTOINE (Place, march.).	G. de Lyon.	
	BEAUX-ARTS (École impériale des)..	Saints-Pères.	

ARRON-DIS-SEMENT.	NOMS DES RUES, PLACES, BOULEVARDS, ETC.	BUREAU DISTRIBUTEUR.	
6	BEAUX-ARTS (Rue, passage des)....	Saints-Pères.	
18	BEAUX-ARTS-MONTMARTRE (Rue des).	Montmartre.	
12	BECCARIA (Rue de).............	G. de Lyon.	
16	BEETHOVEN (Rue)...:..........	Passy.	
12	BEL-AIR (Avenue et villa du).....	Pl. Trône.	
12	BEL-AIR (Cour du)............. (Rue du Faubourg-Saint-Antoine, n° 56.)	R. de Lyon.	
13	BEL-AIR (Impasse du)	Gobelins.	
8	BEL-RESPIRO (Rue du)......	Ch.-Élysées.	
8	BELGIQUE (Ambassade de)........ (Rue de la Pépinière, n° 97.)	Ch.-Élysées.	
18	BELHOMME (Rue)...............	Montmartre.	
17	BELIDOR (Rue)................	Ternes.	
15	BELLA (Rue)...................	Vaugirard.	
15	BELLART (Rue)................	École milit.	
4	BELLAY (Rue du)...............	H. Ville.	
7	BELLECHASSE (Rue)............	Central.	
9	BELLEFOND (Rue)..............	Sᵗᵉ-Cécile.	
16	BELLES-FEUILLES (Rue des).......	Passy.	
11-20	BELLEVILLE (Boulevard de).......	Belleville.	
20	BELLEVILLE (Rue de).	Belleville.	
19	BELLEVUE (Rue de).............	Belleville.	
3	BELLEYME (R. de) v. r. DE BELLEYME.		
18	BELLIARD (Rue)...............	Montmartre.	

ARRON-DIS-SEMENT.	NOMS DES RUES, PLACES, BOULEVARDS, ETC.	BUREAU DISTRIBUTEUR.	
13	BELLIÈVRE (Rue de)............	G. d'Orléans.	
16	BELLINI (Rue)...............	Passy.	
19	BELLOT (Rue)...............	Villette.	
16	BELLOI (Rue de)............	Ch.-Élysées.	
10	BELZUNCE (Rue de).	G. du Nord.	
14	BÉNARD (Rue)................	Montrouge.	
18	BÉNÉDICT (Jardin).	Montmartre.	
	(Rue du Vieux-Chemin, n° 16.)		
16	BENJAMIN-DELESSERT (Rue)........	Passy.	
19	BÉRANGER (Cité)..............	Belleville.	
	(Rue de Paris, n° 287.)		
16	BÉRANGER.(Hameau)............	Auteuil.	
15	BÉRANGER (Impasse)............	R. Rennes.	
18	BÉRANGER (Impasse, passage)......	R. St-Pétersb.	
3	BÉRANGER (Rue)..............	Chât.-d'Eau.	
12	BERCY (Bd., port, quai, pont et porte de).	Bercy.	
12	BERCY (Rue de) :		
	1, 2 à 129, 118...........	Bercy.	
	131, 120 à 213, 214......	G. de Lyon.	
	215, 216 à fin..........	R. de Lyon.	
1	BERGER (Rue)...............	Halles-Centr.	
9	BERGÈRE (Rue, cité, passage, galerie).	Ste-Cécile.	
15	BERGERS (Rue des).............	Grenelle.	
15	BERGES (Chemin des)...........	Grenelle.	

ARRONDISSEMENT.	NOMS DES RUES, PLACES, BOULEVARDS, ETC.	BUREAU DISTRIBUTEUR.	
13	BERGES (Sentier au-dessus des)	G. d'Orléans.	
6	BERITE (Rue).................	R. de Rennes.	
8-9	BERLIN (Rue de)...............	R. St-Pétersb.	
20	BERNARD (Impasse).............	Belleville.	
13	BERNARD (Impasse).............	Montrouge.	
6	BERNARD-PALISSY (Rue).........	Saints-Pères.	
5	BERNARDINS (Rue des)...........	B.St-Germain.	
17	BERNIER (Impasse).............	Av. Clichy.	
8	BERNOUILLY (Rue).............	Pl. Havre.	
8	BERRY (Rue de)...............	Ch.-Élysées.	
8	BERRYER (Cité)...............	Madeleine.	
3	BERTHAUD (Impasse)............	Vieilles-Haud.	
18	BERTHE (Rue, impasse).........	Montmartre.	
17	BERTHIER (Boulevard) :		
	2 à 30.....	Av. Clichy.	
	32 à fin...............	B. Courcelles.	
5	BERTHOLLET (Rue).............	Halle Cuirs.	
1	BERTIN-POIRÉE (Rue)...........	Halles-Centr.	
16	BERTON (Rue)........	Passy.	
11	BERTRAND (Cité).............	Prince-Eug.	
7	BERTRAND (Rue)..............	École milit.	
18	BERVIC (Rue)................	Montmartre.	

ARRON- DIS- SEMENT.	NOMS DES RUES, PLACES, BOULEVARDS, ETC.	BUREAU DISTRIBUTEUR.
17	BERZELIUS (Rue)............	Av. Clichy.
11	BESLAY (Impasse)...............	Prince-Eug.
17	BESSIÈRES (Boulevard)...........	Av. Clichy.
4	BÉTHUNE (Quai de)..............	B. St-Germain.
17	BEUDANT (Rue)................	R. St-Pétersb.
15	BEURET (Rue).................	Vaugirard.
1	BEURRE (Marché au)............ (Halles Centrales.)	Halles - Centr.
6	BEURRIÈRE (Rue)...............	Saints-Pères.
14	BEZOUT (Rue)	Montrouge.
4	BIBLIOTHÈQUE de l'Arsenal........	R. de Lyon.
2	BIBLIOTHÈQUE Impériale..........	Bourse.
5	BIBLIOTHÈQUE Sainte-Geneviève....	Sénat.
13	BICÊTRE (Porte de).....	Gobelins.
10	BICHAT (Rue) :	
	1, 2 à 67, 42	Chât.-d'Eau.
	69, 44 à fin	R. de Strasb.
16	BICHES (Impasse des)...........	Passy.
18	BIEN-AIMÉE (Cité)..............	Av. Clichy.
8	BIENFAISANCE (Rue de la) :	
	1, 2 à 31, 38..............	Pl. Havre.
	33, 40 à fin...............	B. Courcelles.
5	BIÈVRE (Rue de)..............	B.St-Germain.

ARRON-DIS-SEMENT.	NOMS DES RUES, PLACES, BOULEVARDS, ETC.	BUREAU DISTRIBUTEUR.	
13	BIGNON (Rue)................	Gobelins.	
18	BILCOQ (Passage).............	Montmartre.	
16	BILLANCOURT (Rue, porte de)......	Auteuil.	
20	BILLARD (Passage).............	Pl. Trône.	
8	BILLAULT (Rue)...............	Ch.-Élysées.	
4	BILLETTES (Rue, temple des)......	H. Ville.	
16	BILLY (Quai de)..............	Ch.-Élysées.	
19	BINDER (Passage)............. (Rue du Dépotoir, n° 11.)	Villette.	
17	BIOT (Rue).................	R. St-Pétersb.	
4	BIRAGUE (Rue)...............	R. de Lyon.	
12	BISCORNET (Rue).............	R. de Lyon.	
20	BISSON (Rue)................	Belleville.	
8-16	BIZET (Rue).................	Ch.-Élysées.	
18	BIZIOU (Impasse).............	La Chapelle.	
5	BLAINVILLE (Rue).............	Sénat.	
14	BLANCHE (Cité)..............	Montrouge.	
9	BLANCHE (Place).............	Montmartre.	
9	BLANCHE (Rue)...............	R. Lafayette.	
4	BLANCS-MANTEAUX (March., r. du March.-des-)	H. Ville.	
4	BLANCS-MANTEAUX (Rue, église des)..	H. Ville.	
1	BLÉS (Halle aux).............	H. Postes.	
4	BLÉS (Port aux) ou DE LA GRÈVE...	Halles-Centr.	

ARRON-DIS-SEMENT.	NOMS DES RUES, PLACES, BOULEVARDS, ETC.	BUREAU DISTRIBUTEUR.	
9	BLEUE (Rue).................	Ste-Cécile.	
2	BLEUS (Cour des).............	H. Postes.	
15	BLOMET (Rue).......	Vaugirard.	
2-3	BLONDEL (Rue)...............	P. St-Denis.	
14	BLOTTIÈRE (Rue, impasse).......	Montrouge.	
9	BOCHART-DE-SARON (Rue)........	R. Lafayette.	
4	BŒUF (Impasse du)............	H. Ville.	
15	BŒUFS (Chemin, pont des).......	Vaugirard.	
2	BOÏELDIEU (Place).............	Bourse.	
16	BOILEAU (Rue, hameau)..........	Auteuil.	
1	BOILEAU (Rue)................	Pl. St-Michel.	
18	BOINOD (Rue)................	Montmartre.	
19	BOIS (Passage du).............	Villette.	
19	BOIS (Rue, sentier des)..........	Belleville.	
20	BOIS (Rue des)................	Prince-Eug.	
11	BOIS-ALBRAN (Cité du)........... (Rue de la Roquette, n° 80.)	R. de Lyon.	
10	BOIS-DE-BOULOGNE (Passage du) ...	P. St-Denis.	
19	BOIS-DE-L'ORME (Rue, sentier du)..	Belleville.	
16	BOISSIÈRE (Rue) :		
	1, 2 à.................	Ch.-Élysées.	
	à fin	Passy.	
18	BOISSIEU (Rue)................	Montmartre.	

ARRON-DIS-SEMENT.	NOMS DES RUES, PLACES, BOULEVARDS, ETC.	BUREAU DISTRIBUTEUR.	
8	BOISSY-D'ANGLAS (Rue) :		
	1, 2 à 14, 17..............	R. Boissy.	
	16, 19 à fin...........	Madeleine.	
13	BOITON (Passage).............	Gobelins.	
7	BONAPARTE (Caserne) ou D'ORSAY...	Central.	
9	BONAPARTE (Lycée).............	Pl. Havre.	
6	BONAPARTE (Rue) :		
	1, 2 à 59, 72...........	Saints-Pères.	
	61, 74 à fin...........	Sénat.	
10	BONDY (Rue de) :		
	2 à 48..............	Chât. d'Eau.	
	1, 50 à fin............	P. St-Denis.	
10	BONHOURE (Cité).............	R. de Strasb.	
	(Rue des Récollets.)		
8	BONI (Cour, impasse)..........	Pl. Havre.	
18	BONNE (Rue de la)............	Montmartre.	
11	BONNE-GRAINE (Cour, passage de la).	R. de Lyon.	
2-10	BONNE-NOUVELLE (Imp., boul., baz., marché.)	P. St-Denis.	
11	BON-SECOURS (Cité du)..........	Prince-Eug.	
	(Rue de Charonne, n° 99.)		
1	BONS-ENFANTS (Rue des)........	Av. Napoléon.	
16	BONS-HOMMES (Rue des).........	Passy.	
18	BONVOISIN (Cité).............	Montmartre.	
3	BORDA (Rue)...............	P. St-Denis.	

ARRONDIS-SEMENT.	NOMS DES RUES, PLACES, BOULEVARDS, ETC.	BUREAU DISTRIBUTEUR.	
5	Bordeaux (Rue de)............. (Halle aux Vins.)	B. St-Germain.	
12	Bordeaux-Bercy (Rue de)......	Bercy.	
20	Borey (Cité)................. (Rue des Panoyaux.)	Belleville.	
20	Borrego (Rue)...............	Blleville.	
15	Borromée (Rue).............	Vaugirard.	
7	Bosquet (Avenue)............	Central.	
10	Bossuet (Rue)...............	G. du Nord.	
9	Botty (Cour)................ (Rue Neuve-Coquenard, n° 25.)	R. Lafayette.	
10	Bouchardon (Rue)............	P. St-Denis.	
1	Boucher (Rue)...............	Halles - Centr.	
19	Bouchet ou Bachet (Impasse)....	Villette.	
18	Boucry (Rue)...............	La Chapelle.	
16	Boudon (avenue).............	Auteuil.	
9	Boudreau (Rue).............	Gr.-Hôtel.	
2	Bouffes-Parisiens (Théâtre des)...	Bourse.	
3	Boufflers (Cité).............	Chât.-d'Eau.	
2	Boufflers (Gal. et pass.) ou Gal. de fer. (Boulevard des Italiens, n° 19.)	Bourse.	
16	Boufflers-Auteuil (Avenue)....	Auteuil.	
7	Bougainville (Rue)...........	Central.	
16	Boulainvilliers (R., aven., hameau).	Passy.	
4	Boulangerie (Caisse de la)......	H. Ville.	
5	Boulangerie des hospices........	Halle Cuirs.	

ARRON-DIS-SEMENT.	NOMS DES RUES, PLACES, BOULEVARDS, ETC.	BUREAU DISTRIBUTEUR.	
5	BOULANGERS (Rue des)...........	B.S¹-Germain.	
14	BOULARD (Rue).	Montrouge.	
17	BOULAY (Rue, passage)...........	Av. Clichy.	
11	BOULE (Rue).................	R. de Lyon.	
12	BOULE-BLANCHE (Passage de la)....	R. de Lyon.	
9	BOULE-ROUGE (Rue de la)........	S¹ᵉ-Cécile.	
11	BOULETS (Rue des) :		
	1, 2 à 19, 20.............	Pl. du Trône.	
	21, 22 à fin............	Prince-Eug.	
17	BOULEVARD (Rue du)...........	R. S¹-Pétersb.	
17	BOULNOIS (Place)............. (Rues de l'Arcade et de Demours.)	Ternes.	
9	BOULOGNE (Rue de)...........	R. S¹-Pétersb.	
1	BOULOI (Rue du).............	H. Postes.	
14	BOURBE (Hospice de la).........	Montrouge.	
15	BOURBON (Passage)............	Vaugirard.	
4	BOURBON (Quai).......... ...	B.S¹-Germain.	
6	BOURBON-LE-CHÂTEAU (Rue)..	Saints-Pères.	
9	BOURDALOUE (Rue)............	R. Lafayette	
8	BOURDIN (Impasse)............	Ch.-Élysées.	
4	BOURDON (Boulevard)..........	R. de Lyon.	
1	BOURDONNAIS (Rue, impasse des)...	Halles-Centr.	
7	BOURDONNAYE (Avenue de la)......	École milit.	

ARRON-DIS-SEMENT.	NOMS DES RUES, PLACES, BOULEVARDS, ETC.	BUREAU DISTRIBUTEUR.	
19	BOURET (Rue, impasse)..........	Villette.	
2	BOURG-L'ABBÉ (Rue, passage).....	H. Postes.	
12	BOURGOGNE (Cour de)............ (Rue de Charonne, n° 59.)	R. de Lyon.	
12	BOURGOGNE (Cour de)........:.... (Rue du Faubourg-Saint-Antoine, n° 74.)	R. de Lyon.	
7	BOURGOGNE (Rue, place de).......	Central.	
5	BOURGOGNE (Rue de) (Entrepôt)....	B.St-Germain.	
12	BOURGOGNE-BERCY (Rue de).......	Bercy.	
13	BOURGON (Rue)................	Gobelins.	
5-13	BOURGUIGNONS (Rue des). ;.......	Halle Cuirs.	
14	BOURNISIEN (Passage)..........	Montrouge.	
17	BOURSAULT (Impasse)...........	R. St-Pétersb.	
17	BOURSAULT (Rue) :		
	1, 2 à 73, 74..........	R. St-Pétersb.	
	75, 76 à fin...........	Av. Clichy.	
2	BOURSE (Place, rue, gal., pal. de la).	Bourse.	
4	BOURTIBOURG (Rue)............	H. Ville.	
4	BOUTAREL (Rue)...............	B.St-Germain.	
5	BOUTEBRIE (Rue).............	Pl. St-Michel.	
1	BOUTEILLE (Impasse de la).......	H. Postes.	
13	BOUTIN (Rue)................	Gobelins.	
12	BOUTON ou JEAN-BOUTON (Impasse)..	G. de Lyon.	
10	BOUTROIS (Impasse)........... (Rue du Faubourg-Saint-Martin, n° 72.)	P. St-Denis.	

ARRON-DIS-SEMENT.	NOMS DES RUES, PLACES, BOULEVARDS, ETC.	BUREAU DISTRIBUTEUR.	
5	BOUVARD (Impasse).............	Sénat.	
19	BOUVET (Rue).................	Villette.	
11	BOUVINES (Avenue de)..........	Pl. du Trône.	
11	BOUVINES (Rue de).............	Pl. du Trône.	
10	BRADY (Passage)...............	P. St-Denis.	
15	BRANCION (Rue)...............	Vaugirard.	
3	BRANTÔME (Rue)...............	Vieilles-Haud.	
3	BRAQUE (Rue de)........... ...	Vieilles-Haud.	
11	BRAS-D'OR (Cour, passage du).... (Rue du Faubourg-Saint-Antoine, n° 99.)	R. de Lyon.	
1	BRASSERIE (Impasse de la)........	Av. Napoléon.	
6	BRÉA (Rue)...................	R. Rennes.	
12	BRÈCHE-AUX-LOUPS (Rue, ruelle de la).	Bercy.	
9	BREDA (Rue, place).............	R. Lafayette.	
11	BRÉGUET (Rue)................	R. de Lyon.	
17	BREMONTIER (Rue).............	B. Courcelles.	
8	BRÉSIL (Consulat du)....	Ch.-Élysées.	
10-3	BRETAGNE (Cour, impasse de)....	Chât.-d'Eau.	
3	BRETAGNE (Rue de)............	Vieilles-Haud.	
7-15	BRETEUIL (Avenue, place de).....	École milit.	
3	BRETEUIL (Rue de).............	P. St-Denis.	
4	BRETONVILLIERS (Rue)..........	B.St-Germain.	
17	BREY (Rue)..................	Ternes.	

ARRON-DIS-SEMENT.	NOMS DES RUES, PLACES, BOULEVARDS, ETC.	BUREAU DISTRIBUTEUR.
14	Brezin (Rue)................	Montrouge.
12	Briancourt (Passage)........	G. de Lyon.
9	Briard (Impasse, passage)......	R. Lafayette.
17	Bridaine (Rue).............	R. St-Pétersb.
19	Brinder (Passage)...........	Villette.
18	Briquet (Rue, passage).......	Montmartre.
16	Briqueterie (Chemin de la)......	Passy.
4	Brise-Miche (Rue)...........	H. Ville.
4	Brissac (Rue).............	R. de Lyon.
17	Brochant (Rue).............	Av. Clichy.
2	Brongniart (Rue)............	Bourse.
14	Broussais (Rue).............	Montrouge.
13	Bruant (Rue)...............	G. d'Orléans.
11	Brulon (Cité, passage).........	G. de Lyon.
14	Brune (Boulevard)...........	Montrouge.
17	Brunel (Rue)...............	Ternes.
8-9	Bruxelles (Rue de)...........	R. St-Pétersb.
5	Bûcherie (Rue de la)..........	Pl. St-Michel.
6	Buci (Rue, carrefour de)........	Saints-Pères.
4	Budé (Rue)................	B.St-Germain.
9	Buffault (Rue de)............	R. Lafayette.
5	Buffon (Rue de).............	G. d'Orléans.

ARRON-DIS-SEMENT.	NOMS DES RUES, PLACES, BOULEVARDS, ETC.	BUREAU DISTRIBUTEUR.	
16	BUGEAUD (Avenue)...............	Ternes.	
16	BUIS (Rue et place du).........	Auteuil.	
10	BUISSON-SAINT-LOUIS (Rue, pass. du).	Chât.-d'Eau.	
5	BULLIER (Jardin)............. (Carrefour de l'Observatoire, n° 9.)	Sénat.	
13	BUOT (Rue)...................	Gobelins.	
18	BURCQ (Rue, cité).............	Montmartre.	
12	BUREAU (Ruelle du)............	Prince-Eug.	
13	BUTTE-AUX-CAILLES (Rue, ruelle de la).	Gobelins.	
10	BUTTE-CHAUMONT (Rue de la)....	R. de Strasb.	
5	BUTTE de la Gironde............. (Entrepôt des Vins.)	B.St-Germain.	
5	BUTTE de la Loire............. (Entrepôt des Vins.)	B.St-Germain.	
5	BUTTE de la Seine............. (Entrepôt des Vins.)	B.St-Germain.	
12	BUTTES (Rue des).............	Pl. du Trône.	
19	BUTTES-CHAUMONT (Carrières des)..	Villette.	
19	BUTTES-CHAUMONT (Parc des).....	Villette.	
19	BUZELIN (Passage)............. (Rue de Meaux, n° 57.)	Villette.	
18	BUZELIN (Rue)................	La Chapelle.	

C

12	CABANIS (Place)...............	Bercy.	
14	CABANIS (Rue)................	Montrouge.	
9	CADET (Rue, place).............	R. Lafayette.	

ARRON-DIS-SEMENT.	NOMS DES RUES, PLACES, BOULEVARDS, ETC.	BUREAU DISTRIBUTEUR.
15	CADOT (Ruelle)............ *(Rue Blomet.)*	Vaugirard.
18	CADRAN (Rue, impasse du).......	Montmartre.
1	CAFÉ-DE-FOY (Passage du)....... *(Rue Montpensier, Palais-Royal.)*	Av. Napoléon.
3	CAFFARELLI (Rue)............	Chât.-d'Eau.
10	CAIL (Rue)..............	R. de Strasb.
11	CAILLARD (Passage)...........	R. de Lyon.
13	CAILLAUX (Rue)............	Gobelins.
20	CAILLOUX (Rue aux)..........	Prince-Eug.
2-3	CAIRE (Rue, place, passage du)....	P. St-Denis.
1	CAISSE d'Épargne...........	H. Postes.
4	CAISSE de la Boulangerie......... *(Place de l'Hôtel-de-Ville.)*	H. Ville.
7	CAISSE des Dépôts et Consignations.	Central.
9	CALAIS (Rue de)............	R. St-Pétersb.
20	CALAIS-BELLEVILLE (Rue, impasse de).	Belleville.
16	CALLOT (Rue)............	Auteuil.
18	CALMELS (Rue)............	Montmartre.
16	CALVAIRE (Impasse, sentier du)....	Passy.
18	CALVAIRE (Passage du).........	Montmartre.
8	CAMBACÉRÈS (Rue)...........	Madeleine.
5	CAMBRAI (Place)............	Pl. St-Michel.
19	CAMBRAI (Rue de)...........	Villette.
15	CAMBRONNE (Place)..........	École milit.

ARRON-DIS-SEMENT.	NOMS DES RUES, PLACES, BOULEVARDS, ETC.	BUREAU DISTRIBUTEUR.	
15	CAMBRONNE (Rue) :		
	1, 2 à 65, 82............	Grenelle.	
	67, 84 à fin............	Vaugirard.	
7	CAMOU (Rue).............	École milit.	
14	CAMPAGNE-PREMIÈRE (Rue)........	Montrouge.	
13	CAMPO-FORMIO (Rue)...........	Gobelins.	
14	CAMUS (Impasse)............	Montrouge.	
19	CANAL-SAINT-DENIS (Rue, passage du).	Villette.	
10	CANAL-SAINT-MARTIN (Rue du).....	R. de Strasb.	
17	CANARD-BOITEUX (Cité du)....... (Rue Saussure.)	Av. Clichy.	
6	CANETTES (Rue des)...........	Saints-Pères.	
6	CANIVET (Rue du)............	Sénat.	
12	CANONGE (Cour).............	Bercy.	
15	CANTONNIER-SOMBRET (Rue du).....	Vaugirard.	
18	CAPLAT (Rue)...............	La Chapelle.	
15	CAPREAU (Rue)	Vaugirard.	
18	CAPRON (Rue)...............	R. St-Pétersb.	
4	CAPSULERIE de guerre.......... (Arsenal.)	R. de Lyon.	
2-9	CAPUCINES (Boulevard des).......	Gr.-Hôtel.	
14-5	CAPUCINS (Rue des)...........	Montrouge.	
6	CARDINALE (Rue)............	Saints-Pères.	
9	CARDINAL-FESCH (Rue du)........	R. Lafayette.	

ARRON-DIS-SEMENT.	NOMS DES RUES, PLACES, BOULEVARDS, ETC.	BUREAU DISTRIBUTEUR.	
5	CARDINAL-LEMOINE (Rue du)........	B.S¹-Germain.	
17	CARDINET (Passage).............	Av. Clichy.	
17	CARDINET (Rue) :		
	1, 2 à 101, 98	B. Courcelles.	
	100, 103 à fin	Av. Clichy.	
15	CARLIER (Impasse)............	Vaugirard.	
5	CARMÉLITES (Impasse des)........	Sénat.	
6	CARMES (Couvent, église des)......	Sénat.	
5	CARMES (Rue, marché des)........	Pl. S¹-Michel.	
6	CARNOT (Rue)...............	R. Rennes.	
17	CAROLINE (Rue, passage)........	R. S¹-Pétersb.	
4	CARON (Rue)...............	H. Ville.	
6	CARPENTIER (Rue)............	Sénat.	
12	CARRÉ (Cour)..............	Bercy.	
1	CARREAU de la halle............ (Halles Centrales.)	Halles-Centr.	
18	CARRIÈRE (Rue de la)..........	Montmartre.	
16	CARRIÈRE-PASSY (Impasse de la)....	Passy.	
18	CARRIÈRES (Rue des)...........	R. S¹-Pétersb.	
20	CARRIÈRES (Rue des)..........	Belleville.	
19	CARRIÈRES-D'AMÉRIQUE (Chemin des).	Villette.	
16	CARRIÈRES-PASSY (Rue des).......	Passy.	
1	CARROUSEL (Place, pont du).......	Av. Napoléon.	

ARRON-DIS-SEMENT.	NOMS DES RUES, PLACES, BOULEVARDS, ETC.	BUREAU DISTRIBUTEUR.	
20	CASCADES (Rue des)............	Belleville.	
	CASERNES.		
4	CASERNE de l'Ave-Maria.........	H. Ville.	
7	———— de Babylone...........	Central.	
7	———— Bellechasse...........	Central.	
7	———— Bonaparte............	Central.	
5	———— des Carmes...........	Pl. St-Michel.	
4	———— des Célestins........ ...	R. de Lyon.	
10	———— du Château-d'Eau....... (Pompiers.)	P. St-Denis.	
4	———— de la Cité............. (Garde de Paris.)	Pl. St-Michel.	
11	———— de la Courtille.........	Chât-d'Eau.	
4	———— Cult.-Ste-Cather. ou Sévigné. (Pompiers.)	H. Ville.	
15	———— Dupleix.............	École milit.	
7	———— de l'École militaire......	École milit.	
14	———— d'Enfer.............. (Ex-bâtiment de l'octroi.)	Montrouge.	
3	———— des Francs-Bourgeois.....	Vieilles-Haud.	
12	———— de la Grange-aux-Merciers.	Bercy.	
15	———— de Grenelle........... (Place Dupleix.)	École milit.	
7	———— de la rue de Lille....... (Rue de Lille, 60.)	Central.	
5	———— de Lisieux	Pl. St-Michel.	
4	———— Lobau...............	H. Ville.	
13	———— de Lourcine...........	Halle Cuirs.	

ARRON-DIS-SEMENT.	NOMS DES RUES, PLACES, BOULEVARDS, ETC.	BUREAU DISTRIBUTEUR.	
	CASERNES. (Suite.)		
1	CASERNE du Louvre............	Av. Napoléon.	
8	——— Marbeuf............	Ch.-Élysées.	
3	——— des Minimes...........	R. de Lyon.	
5	——— Mouffetard............	B. St-Germain.	
4	——— Napoléon............	H. Ville.	
12	——— Nicolaï............	Bercy.	
10	——— de la Nouvelle-France.....	Ste-Cécile.	
7	——— d'Orsay............	Central.	
7	——— Panthémont...........	Central.	
8	——— Penthièvre...........	Ch.-Élysées.	
8	——— de la Pépinière.........	Pl. Havre.	
2	——— des Petits-Pères.........	Bourse.	
12	——— Picpus.............	Pl. du Trône.	
5	——— de Poissy............ (Pompiers.)	B. St-Germain.	
11	——— Popincourt...........	Prince-Eug.	
10	——— du Prince-Eugène.......	Chât.-d'Eau.	
10	——— des Récollets..........	R. de Strasb.	
12	——— de Reuilly...........	Pl. du Trône.	
4	——— Saint-Louis-en-l'Île...... (Gendarmerie départementale.)	H. Ville.	
5	——— Saint-Victor..........	B. St-Germain.	
7	——— de Sens............	Central.	

ARRON-DIS-SEMENT.	NOMS DES RUES, PLACES, BOULEVARDS, ETC.	BUREAU DISTRIBUTEUR.	
	CASERNES. (Suite.)		
4	CASERNE Sully................ (Garde de Paris.)	R. de Lyon.	
6	——— de Tournon	Sénat.	
6	——— du Vieux-Colombier...... (Pompiers.)	Saints-Pères.	
6	CASIMIR-DELAVIGNE (Rue).........	Sénat.	
7	CASIMIR-PÉRIER (Rue)...........	Central.	
6	CASSETTE (Rue)...............	Sénat.	
14	CASSINI (Rue)................	Montrouge.	
8	CASTELLANE (Rue).............	Madeleine.	
4	CASTEX (Rue)................	R. de Lyon.	
1	CASTIGLIONE (Rue)............	Pl. Vendôme.	
14	CATACOMBES (Les)............. (Entrée à l'ancienne barrière de Montrouge.)	Montrouge.	
1	CATINAT (Rue)...............	H. Postes.	
18	CAUCHOIS (Impasse)...........	Montmartre.	
18	CAUCHOIS (Rue)..............	Montmartre.	
9	CAUMARTIN (Rue) :		
	1, 2 à 45, 32...........	Gr.-Hôtel.	
	47, 34 à fin............	Pl. Havre.	
18	CAVÉ (Rue).................	La Chapelle.	
14	CAZEAUX (Cité)............. (Boulevard d'Enfer, nº 19.)	Montrouge.	
20	CÉLESTIN (Impasse)...........	Belleville.	
4	CÉLESTINS (Caserne des).	R. de Lyon.	

ARRON- DIS- SEMENT.	NOMS DES RUES, PLACES, BOULEVARDS, ETC.	BUREAU DISTRIBUTEUR.	
4	CÉLESTINS (Quai des) :		
	2 à 22	R. de Lyon.	
	24 à fin...............	H. Ville.	
14	CELS (Rue, impasse)..........	Montrouge.	
13-5	CENDRIER (Rue du)............	Halle Cuirs.	
20	CENDRIERS (Rue des)..........	Belleville.	
5	CENSIER (Rue)...............	Halle Cuirs.	
3	CENTRALE (École).............	Vieilles-Haud.	
8	CENTRE (Rue du).............	Ch.-Élysées.	
15	CÉPRÉ (Passage).............	Grenelle.	
	(Boulevard de Grenelle, n° 85.)		
17	CERF (Passage)...............	Av. Clichy.	
13	CERISAIE (Impasse de la).........	Gobelins.	
4	CERISAIE (Rue de la)..........	R. de Lyon.	
7	CÉSAR (Passage).............	Central.	
	(Rue Saint-Dominique, n° 145.)		
2	CHABANNAIS (Rue)...........	Bourse.	
1	CHABRANT (Cité).............	Pl. Vendôme.	
	(Rue Saint-Honoré, n° 247.)		
10	CHABROL (Cité).............	S²-Cécile.	
	(Rue Chabrol, 25.)		
10	CHABROL (Rue)...............	S²-Cécile.	
18	CHABROL (Impasse de)............	La Chapelle.	
	(Rue Philippe-de-Girard.)		
16	CHABROL (Rue de)............	Passy.	
16	CHAILLOT (Marché de)..........	Ch.-Élysées.	
	(Rue Pauquet-de-Villejust.)		
16-8	CHAILLOT (Rue de)............	Ch.-Élysées.	

ARRONDISSEMENT.	NOMS DES RUES, PLACES, BOULEVARDS, ETC.	BUREAU DISTRIBUTEUR.	
7	CHAISE (Rue de la).............	Saints-Pères.	
16	CHAISE (Sentier de la)...........	Passy.	
17	CHALABRE (Rue)...............	Av. Clichy.	
12	CHÂLES (Cour des)............. (Rue Nicolaï, n° 45.)	Bercy.	
16	CHALGRIN (Rue)...............	Ternes.	
12	CHALIGNY (Rue)...............	G. de Lyon.	
12	CHALON (Rue, impasse de)........	G. de Lyon.	
13	CHAMAILLARDS (Sentier des)......	Gobelins.	
12	CHAMBARD (Rue)...............	Bercy.	
11	CHAMBÉRY (Rue de)............	Prince-Eug.	
15	CHAMBÉRY (Rue de)............	Vaugirard.	
12	CHAMPAGNE (Rue de)...........	Bercy.	
5	CHAMPAGNE (Rue de)........... (Entrepôt des Vins.)	B. St-Germain.	
7	CHAMPAGNY (Rue de)...........	Central.	
14	CHAMP-D'ASILE (Rue du)........	Montrouge.	
7	CHAMP DE MARS (Le)...........	École milit.	
7	CHAMP-DE-MARS (Rue du) :		
	1, 2 à 21, 18.............	Central.	
	23, 20 à fin.............	École milit.	
14-5	CHAMP-DES-CAPUCINS (Rue, marché du)	Montrouge.	
18	CHAMPIONNET (Rue)............	Av. Clichy.	
18	CHAMP-MARIE (Passage du)........ (Rue Vincent-Compoint, n° 1.)	Montmartre.	

ARRON-DIS-SEMENT.	NOMS DES RUES, PLACES, BOULEVARDS, ETC.	BUREAU DISTRIBUTEUR.	
5	CHAMPOLLION (Rue).............	Sénat.	
20	CHAMPS (Impasse des)..	Pl. du Trône.	
20	CHAMPS (Rue des)...............	Prince-Eug.	
8	CHAMPS-ÉLYSÉES (Les)..........	R. Boissy.	
8	CHAMPS-ÉLYSÉES (Pavillon des).....	R. Boissy.	
8	CHAMPS-ÉLYSÉES (Pl., av., rond-p. des).	Ch.-Élysées.	
13	CHAMPS-MAILLARD (Sentier des).....	Gobelins.	
7	CHANALEILLES (Rue).............	Central.	
1	CHANCELLERIE de France......... (Ministère de la Justice.)	Pl. Vendôme.	
16	CHANEZ (Rue)...............	Auteuil.	
1	CHANGE (Pont au).............	Halles-Centr.	
4	CHANOINESSE (Rue)............	Pl. St-Michel.	
12	CHANTIER (Rue, passage, cour du)..	R. de Lyon.	
5	CHANTIERS (Rue des)............	B.St-Germain.	
4	CHANTRES (Rue des)............	Pl. St-Michel.	
11	CHANUT (Cour)............... (Rue Louis-Philippe.)	R. de Lyon.	
10-18	CHAPELLE (Bd, cité, rue, r.-point, égl., pte de la).	La Chapelle.	
8	CHAPELLE américaine........... (Rue de Ponthieu.)	Ch.-Élysées.	
8	CHAPELLE expiatoire............	Madeleine.	
3	CHAPON (Rue, passage du).......	Vieilles-Haud.	
18	CHAPPE (Rue)................	Montmartre.	
9	CHAPTAL (Collége).............	Pl. Havre.	

ARRONDISSEMENT.	NOMS DES RUES, PLACES, BOULEVARDS, ETC.	BUREAU DISTRIBUTEUR.
9	CHAPTAL (Rue)................	R. Lafayette.
18	CHARBONNIÈRE (Rue de la)........	La Chapelle.
5	CHARBONNIERS (Rue des).........	Halle Cuirs.
12	CHARBONNIERS-St-ANTOINE (Rue des).	G. de Lyon.
18	CHARDONNIÈRE (Rue de la)........	Montmartre.
19	CHARENTE (Quai de la)..........	Villette.
12	CHARENTON (Port de)...........	Bercy.
12	CHARENTON (Rue de) :	
	1, 2 à 85, 70.............	R. de Lyon.
	87, 72 à 153, 160........	G. de Lyon.
	155, 162 à fin...........	Bercy.
11	CHARIOT-D'OR (Cour du).......... (Rue du Faubourg-Saint-Antoine, n° 173.)	R. de Lyon.
6	CHARITÉ (Hôpital de la)..........	Saints-Pères.
4	CHARLEMAGNE (Rue, passage, lycée).	H. Ville.
18	CHARLES-ALBERT (Impasse ou passage).	Av. Clichy.
4	CHARLES V (Rue)..............	R. de Lyon.
15	CHARLOT (Rue, cité, impasse)..... (Rue de Vaugirard, n° 149.)	R. Rennes.
3	CHARLOT (Rue) :	
	1, 2 à 39, 44.............	Vieilles-Haud.
	41, 46 à fin.............	Chât.-d'Eau.
17	CHARLOT (Rue, passage).........	Ternes.
12	CHAROLAIS (Rue du)............	Bercy.

ARRON-DIS-SEMENT.	NOMS DES RUES, PLACES, BOULEVARDS, ETC.	BUREAU DISTRIBUTEUR.	
20	CHARONNE (Ancien chemin de).....	Prince-Eug.	
11-20	CHARONNE (Boulevard de) :		
	1, 2 à 33, 52.............	Pl. du Trône.	
	35, 54 à fin.............	Prince-Eug.	
11	CHARONNE (Rue de) :		
	1, 2 à 69, 78..........	R. de Lyon.	
	71, 80 à fin...........	Prince-Eug.	
6	CHARPENTIER (Rue)...........	Sénat.	
12	CHARPENTIERS (Rue des)........	Bercy.	
12	CHARPENTIERS (Ruelle des).......	Bercy.	
19	CHARRAND (Passage, cité)........ (Rue de Meaux, n° 26.)	Villette.	
3	CHARTES (École des)........... (Aux Archives de l'Empire.)	Vieilles-Haud.	
5	CHARTIÈRE (Rue)..............	Sénat.	
1	CHARTRES (Galerie, péristyle de)... (Palais-Royal.)	Av. Napoléon.	
17	CHARTRES (Impasse de)..........	R. S¹-Pétersb.	
17	CHARTRES (Rue)..............	R. S¹-Pétersb.	
18	CHARTRES (Rue de)............	La Chapelle.	
19	CHARTRES (Rue de) .... (Non habitée.)	Villette.	
17	CHASSEURS (Avenue, cité des).....	B. Courcelles.	
12	CHÂTEAU (Cour du)............	Pl. du Trône.	
14	CHÂTEAU (Rue du).............	Montrouge.	
10	CHÂTEAU D'EAU (Caserne du)......	P. S¹-Denis.	

ARRONDISSEMENT.	NOMS DES RUES, PLACES, BOULEVARDS, ETC.	BUREAU DISTRIBUTEUR.	
10	CHÂTEAU-D'EAU (Rue du) :		
	1, 2 à 21, 30..............	Chât.-d'Eau.	
	23, 32 à fin...............	P. St-Denis.	
8	CHÂTEAU-DES-FLEURS (Rue du).....	Ch.-Élysées.	
13	CHÂTEAU-DES-RENTIERS (Rue du)...	Gobelins.	
9	CHÂTEAU-DU-COQ (Avenue du)..... (Rue Saint-Lazare, n° 99.)	Pl. Havre.	
14	CHÂTEAU-DU-MAINE (Rue du).......	Montrouge.	
10	CHÂTEAU-LANDON (Rue de)........	R. de Strasb.	
18	CHÂTEAU-ROUGE (Place, jardin du)...	Montmartre.	
8	CHATEAUBRIAND (Rue, avenue).....	Ch.-Élysées.	
14	CHATELAIN (Rue)...............	Montrouge.	
1-4	CHÂTELET (Place du)............	Halles-Centr.	
14	CHÂTILLON (Porte de)............	Montrouge.	
14	CHÂTILLON (Route de)............ (N°s 61 à 67, en dehors des fortifications.)	Montrouge.	
9	CHAUCHAT (Rue) :		
	1, 2 à 7, 8...............	Bourse.	
	9, 10 à fin..............	R. Lafayette.	
10	CHAUDRON (Rue du).............	R. de Strasb.	
19	CHAUFOURNIERS (Rue des)........	Belleville.	
4-3	CHAUME (Rue du) :		
	1, 2 à 11, 12.............	H. Ville.	
	13, 14 à fin..............	Vieilles-Haud.	

ARRON-DIS-SEMENT.	NOMS DES RUES, PLACES, BOULEVARDS, ETC.	BUREAU DISTRIBUTEUR.	
19	CHAUMONTS (Rue des)............	Belleville.	
9	CHAUSSÉE-D'ANTIN (Rue de la) :		
	1, 2 à 13, 36.............	Gr.-Hôtel.	
	15, 38 à fin..............	Pl. Havre	
14	CHAUSSÉE du Maine :		
	1, 2 à 55, 58............	R. Rennes.	
	57, 60 à fin.............	Montrouge.	
10	CHAUSSON (Passage, impasse)......	P. St-Denis.	
8	CHAUVEAU-LAGARDE (Rue)........	Madeleine.	
15	CHAUVELOT (Rue, boulevard)......	Vaugirard.	
14	CHAUVELOT (Rue ou passage)......	Montrouge.	
17	CHAZELLES (Rue de)............	B. Courcelles.	
15	CHEMIN-DE-FER (Impasse du)....... (Boulevard de Vaugirard.)	R. Rennes.	
20	CHEMIN-DE-FER (Rue du).........	Prince-Eug.	
20	CHEMIN-DE-FER (Sentier du).......	Pl. du Trône.	
16	CHEMIN-DE-FER-AUTEUIL (Place du)..	Auteuil.	
14	CHEMIN-DE-FER-GENTILLY (Rue du)..	Montrouge.	
14	CHEMIN-DE-FER-MONTROUGE (Rue du).	Montrouge.	
15-14	CHEMIN-DE-FER-VAUGIRARD (Rue du) :		
	1, 2 à 39, 36.............	Vaugirard.	
	41, 38 à fin.............	Montrouge.	
17	CHEMIN de fer (Atel. de la gare du) Batignol.	Av. Clichy.	

ARRON-DIS-SEMENT.	NOMS DES RUES, PLACES, BOULEVARDS, ETC.	BUREAU DISTRIBUTEUR.	
18	CHEMIN de fer de Ceint. (Chem. latér. au).	Av. Clichy.	
10	CHEMIN de fer de l'Est...........	R. de Strasb.	
18	CHEMIN de fer de l'Est (G^{re} aux march. du)	La Chapelle.	
12	CHEMIN de fer de Lyon...........	G. de Lyon.	
12	CHEMIN de fer de Lyon (G^{re} aux march. du)	Bercy.	
10	CHEMIN de fer du Nord..........	G. du Nord.	
18	CHEMIN de fer du Nord (G^{re} aux march. du)	La Chapelle.	
13	CHEMIN de fer d'Orléans.........	G. d'Orléans.	
13	CHEMIN de fer d'Orléans (Chem. latér. au).	G. d'Orléans.	
13	CHEMIN de fer d'Orléans (G^{re} aux march. du).	G. d'Orléans.	
15	CHEMIN de fer de l'Ouest........	R. Rennes.	
15	CHEMIN de fer de l'Ouest (G^{re} aux march. du).	Vaugirard.	
8	CHEMIN de fer de Rouen et du Havre..	Pl. Havre.	
17	CHEMIN de fer de Rouen et du Havre (Gare aux marchandises du).	Av. Clichy.	
8	CHEMIN de fer de Saint-Germain...	Pl. Havre.	
14	CHEMIN de fer de Sceaux et d'Orsay..	Montrouge.	
8	CHEMIN de fer de Versailles (Rive droite).	Pl. Havre.	
15	CHEMIN de fer de Versailles (Rive gauche).	R. Rennes.	
12	CHEMIN de fer de Vincennes.......	R. de Lyon.	
12	CHEMIN-DE-LA-CROIX (Rue du).....	Bercy.	
16	CHEMIN-DE-LA-GALIOTE (Rue du)....	Auteuil.	
15	CHEMIN-DE-LA-GROTTE (Rue du)....	Vaugirard.	

ARRON-DIS-SEMENT.	NOMS DES RUES, PLACES, BOULEVARDS, ETC.	BUREAU DISTRIBUTEUR.	
20	CHEMIN-DE-LA-PIE (Rue du)........	Belleville.	
15	CHEMIN-DES-BŒUFS (Ancien)......	Vaugirard.	
20	CHEMIN-DES-PARTANTS (Rue du)....	Belleville.	
14	CHEMIN-DES-PLANTES (Rue du).....	Montrouge.	
14	CHEMIN-DES-PRÊTRES (Rue du).....	Montrouge.	
18	CHEMIN-DE-LA-SANTÉ (Rue du)......	Montmartre.	
18	CHEMIN latéral................	Av. Clichy.	
12	CHEMIN-MILITAIRE (Caserne du)....	Bercy.	
14	CHEMIN-VERT (Rue du) ou VOIE-VERTE	Montrouge.	
11	CHEMIN-VERT (Rue, passage du)....	R. de Lyon.	
11	CHEMIN-VERT (Rue du) :		
	1, 2 à 57, 60............	R. de Lyon.	
	59, 62 à fin............	Prince-Eug.	
12	CHÊNE-VERT (Cour du)...........	R. de Lyon.	
2	CHÉNIER (Rue)................	P. St-Denis.	
16	CHENILLES (Sent. des) ou chem. DE LA BRIQUETERIE.	Passy.	
19	CHERBOURG (Chemin de).........	Villette.	
8	CHERBOURG (Passage de) .... (Rue de la Pépinière, nº 14.)	Pl. Havre.	
6-15	CHERCHE-MIDI (Rue du) :		
	1, 2 à 37, 38............	Saints-Pères.	
	39, 40 à fin............	R. Rennes.	
13	CHÉREAU (Rue, passage).........	Gobelins.	

ARRON- DIS- TRICT.	NOMS DES RUES, PLACES, BOULEVARDS, ETC.	BUREAU DISTRIBUTEUR.	
17	CHEROY (Rue)................	R. St-Pétersb.	
2	CHÉRUBINI (Rue).............	Bourse.	
11	CHEVAL-BLANC (Cour, passage du)..	R. de Lyon.	
13	CHEVALERET (Rue, chemin du).....	G. d'Orléans.	
20	CHEVALIERS (Impasse des).........	Belleville.	
13	(Rue de Calais, n° 59.) CHEVAUX (Marché aux)..........	G. d'Orléans.	
7	CHEVERT (Rue)...............	Central.	
9	CHEVERUS (Rue de).............	Pl. Havre.	
6	CHEVREUSE (Rue de).............	R. Rennes.	
19	CHIAPPE (Rue de).............	Belleville.	
6	CHILDEBERT (Rue).............	Saints-Pères.	
20	CHINE (Rue de la).............	Belleville.	
2	CHOISEUL (Passage, rue de).......	Bourse.	
13	CHOISY (Route, porte de)........	Gobelins.	
10	CHOPINETTE (Rue de la).........	Chât.-d'Eau.	
9	CHORON (Rue)...............	R. Lafayette.	
19	CHRÉTIEN (Impasse)............	Villette.	
18	CHRISTIANI (Rue).............	Montmartre.	
6	CHRISTINE (Rue).............	Pl. St-Michel.	
8	CHRISTOPHE-COLOMB (Rue).......	Ch.-Élysées.	
16	CIMAROSA (Rue)...............	Passy.	
18	CIMETIÈRE (Impasse du).........	La Chapelle.	

ARRONDISSEMENT.	NOMS DES RUES, PLACES, BOULEVARDS, ETC.	BUREAU DISTRIBUTEUR.	
20	Cimetière-de-l'Est (Chem. de ronde du).	Prince-Eug.	
18	Cimetière-du-Nord (Avenue du). . .	R. St-Pétersb.	
5	Cimetière-Saint-Benoît (Rue du). . .	Sénat.	
16	Cimetière d'Auteuil.	Auteuil.	
21	Cimetière de Bercy.	Bercy.	
20	Cimetière de l'Est ou Père-Lachaise. .	Prince-Eug.	
15	Cimetière de Grenelle.	Grenelle.	
18	Cimetière de Montmartre ou du Nord. ,	R. St-Pétersb.	
16	Cimetière de Passy.	Passy.	
14	Cimetière du Sud ou Montparnasse.	Montrouge.	
15	Cimetière de Vaugirard.	Grenelle.	
19	Cimetière de la Villette.	Villette.	
14	Cimetière des Hospices.	Montrouge.	
13	Cinq-Diamants (Rue des).	Gobelins.	
15	Cinq-Maisons-Grenelle (Carref. des). (Rues Héricart et de l'Industrie.)	Grenelle.	
8	Cirque (Rue du).	R. Boissy.	
8	Cirque de l'Impératrice.	R. Boissy.	
11	Cirque Napoléon.	Chât.-d'Eau.	
10	Cirque du Prince-Impérial.	Chât.-d'Eau.	
6	Ciseaux (Rue des).	Saints-Pères.	
4	Cité (Pont, rue de la).	Pl. St-Michel.	
14	Cité-d'Antin (Passage de la).	Montrouge.	

4.

ARRONDISSEMENT.	NOMS DES RUES, PLACES, BOULEVARDS, ETC.	BUREAU DISTRIBUTEUR.	
18	Cité de la Chapelle............	La Chapelle.	
15	Cité-Villefranche (Rue de la)....	Vaugirard.	
12	Citeaux (Rue de)..............	G. de Lyon.	
3	Clairvaux (Impasse)............	Halles-Centr.	
8	Clapeyron (Rue)..............	R. St-Pétersb.	
9	Clary (Square)...............	Pl. Havre.	
9	Clary (Cité)................	Pl. Havre.	
16	Claude-Lorrain (Rue)..........	Auteuil.	
10	Claude-Vellefaux (Rue).......	Chât.-d'Eau.	
9	Clausel (Rue)...............	R. Lafayette.	
19	Clavel (Rue)...............	Belleville.	
5	Clef (Rue de la) :	Halle Cuirs.	
	1, 2 à 10, 21...........	B. St-Germain.	
	23, 12 à fin	Saints-Pères.	
6	Clément (Rue)...............	Central.	
7	Cler (Rue).................		
2	Cléry (Rue de) :	Bourse.	
	1, 2 à 29, 44...........	P. St-Denis.	
	31, 46 à fin...........		
	Clichy (Avenue de) :		
17	1, 2 à	R. St-Pétersb.	
	à fin............	Av. Clichy.	

ARRON- DIS- SEMENT.	NOMS DES RUES, PLACES, BOULEVARDS, ETC.	BUREAU DISTRIBUTEUR.	
9-18	CLICHY (Boulevard de) :		
	1, 2 à 80, 59.	Montmartre.	
	82, 61 à fin.	R. St-Pétersb.	
17	CLICHY (Porte de).	Av. Clichy.	
9	CLICHY (Rue de) :		
	1, 2 à 37, 46	Pl. Havre.	
	39, 48 à fin	R. St-Pétersb.	
18	CLIGNANCOURT (Chaussée, porte de).	Montmartre.	
18	CLIGNANCOURT (Rue de).	Montmartre.	
6	CLINIQUE (Hospice de la)	Sénat.	
13	CLISSON (Rue) :		
	1, 2 à 7, 8	G. d'Orléans.	
	9, 10 à fin	Gobelins.	
20	CLOCHE (Sentier de la)	Belleville.	
4	CLOCHE-PERCE (Rue).	H. Ville.	
20	CLOCHES (Impasse des).	Pl. du Trône.	
4	CLOÎTRE-NOTRE-DAME (Rue du).	Pl. St-Michel.	
5	CLOÎTRE-SAINT-BENOÎT (Rue du)	Sénat.	
1	CLOÎTRE-SAINT-HONORÉ (Rue du). . .	Av. Napoléon.	
1	CLOÎTRE-St-JACQUES-L'HÔP. (Rue du).	Halles-Centr.	
4	CLOÎTRE-SAINT-MERRY (Rue du). . . .	H. Ville.	
5	CLOPIN (Impasse, rue)	B. St-Germain.	

ARRONDISSEMENT.	NOMS DES RUES, PLACES, BOULEVARDS, ETC.	BUREAU DISTRIBUTEUR.	
16	Clos (Avenue, impasse des)......	Auteuil.	
20	Clos (Rue du)...............	Prince-Eug.	
5	Clos-Bruneau (Rue du).........	Pl. St-Michel.	
15	Clos-Feuquières (Passage du).....	Vaugirard.	
1	Clos-Georgeot (Rue du)........	Av. Napoléon.	
13	Clos-Payen (Passage du)........	Halle Cuirs.	
20	Clos-Rasselin (Rue du).........	Prince-Eug.	
20	Clos-Réglisse (Rue du).........	Prince-Eug.	
5	Clotaire (Rue)...............	Sénat.	
5	Clotilde (Rue)...............	Sénat.	
19	Clovis (Impasse).............	Villette.	
5	Clovis (Rue)................	B. St-Germain.	
18	Cloys (Rue, impasse des)........	Montmartre.	
5	Cluny (Musée, square de).......	Pl. St-Michel.	
8	Coches (Cour, passage des) ou Retiro.	Madeleine.	
5	Coches (Port des).............	B. St-Germain.	
14	Cochin (Hospice).............	Montrouge.	
5-13	Cochin (Rue)................	Halle Cuirs.	
14	Cœur-de-Vé (Impasse)..........	Montrouge.	
12	Coissien (Cour)..............	Bercy.	
2	Colbert (Rue, passage, galerie)....	Bourse.	
4	Coligny (Rue)...............	R. de Lyon.	

ARRON-DIS-SEMENT.	NOMS DES RUES, PLACES, BOULEVARDS, ETC.	BUREAU DISTRIBUTEUR.	
	COLLÉGES ET LYCÉES.		
7	COLLÉGE des Arméniens............ (Rue Monsieur, n° 10.)	Central.	
9	——— Bonaparte..............	Pl. Havre.	
9	——— Chaptal...............	Pl. Havre.	
4	——— Charlemagne............	H. Ville.	
5	——— de France..............	Sénat.	
5	——— Louis-le-Grand...........	Sénat.	
5	——— Napoléon	Sénat.	
5	——— Rollin................	Sénat.	
5	——— Sainte-Barbe...........	Sénat.	
6	——— Saint-Louis.............	Sénat.	
6	——— Stanislas.	R. Rennes.	
3	——— Turgot	Chât.-d'Eau.	
5	COLLÉGE-DE-FRANCE (Rue du)......	Sénat.	
5-13	COLLÉGIALE (Place, rue de la).....	Halle Cuirs.	
12	COLLIER (Cour)...............	Bercy.	
15	COLLINEAU (Rue)..............	Vaugirard.	
19	COLMAR (Rue, impasse)..........	Villette.	
4	COLOMBE (Rue de la)...........	Pl. St-Michel.	
4	COLOMBIER (Rue du)...........	H. Ville.	
13	COLONIE (Rue de la)............	Gobelins.	
2	COLONNES (Rue des)............	Bourse.	

ARRON-DIS-SEMENT.	NOMS DES RUES, PLACES, BOULEVARDS, ETC.	BUREAU DISTRIBUTEUR.	
8	COLYSÉE (Rue du).............	Ch.-Élysées.	
7	COMBES (Rue).................	Central.	
17	COMBES (Rue des)....	Ternes.	
7	COMÈTE (Rue de la)............	Central.	
14	COMMANDEUR (Avenue du)........	Montrouge.	
12	COMMERCE (Cour du)...........	Bercy.	
9	COMMERCE (École du)....... (Collége Chaptal.)	Pl. Havre.	
3	COMMERCE (École supérieure du)... (Collége Turgot.)	Chât.-d'Eau.	
15	COMMERCE (Rue, place du)........	Grenelle.	
12	COMMERCE-CHARENTON (Cour du)... (Rue de Charenton, n° 60.)	R. de Lyon.	
8	COMMERCE-DU-ROULE (Cour du)....	Ch.-Élysées.	
6	COMMERCE-St-ANDRÉ (Cour, pass. du).	Pl. St-Michel.	
10	COMMERCE-SAINT-MARTIN (Cour du).	P. St-Denis.	
3	COMMERCE-DU-TEMPLE (Cour du)....	Chât.-d'Eau.	
3	COMMINES (Rue)...............	Chât.-d'Eau.	
9	COMMISSAIRES-PRISEURS (Hôtel des).. (Ventes mobilières.)	Bourse.	
20	COMMUN (Passage).............	Prince-Eug.	
19	COMPANS (Impasse, rue).........	Belleville.	
10	COMPIÈGNE (Rue de)...........	G. du Nord.	
18	COMPOINT (Rue, impasse)........	Av. Clichy.	
7	COMPTES (Cour des)...........	Central.	
9	COMPTOIR D'ESCOMPTE........... (Rue Bergère, n° 14.)	Ste-Cécile.	

ARRON-DIS-SEMENT.	NOMS DES RUES, PLACES, BOULEVARDS, ETC.	BUREAU DISTRIBUTEUR.	
1	CONCIERGERIE (Prison de la)....... (Palais de justice.)	Pl. S'-Michel.	
8	CONCORDE (Place, pont de la)......	R. Boissy.	
17	CONDAMINE (R. la) v. *LA CONDAMINE*.	R. S'-Pétersb.	
11	CONDAMNÉS (Dépôt des)........... (Prison de la Roquette.)	Prince-Eug.	
6	CONDÉ (Rue de)..............	Sénat.	
9	CONDORCET (Rue) :		
	1, 2 à 19, 30............	G. du Nord.	
	21, 32 à fin.............	R. Lafayette.	
8	CONFÉRENCE (Place, quai de la)....	R. Boissy.	
7	CONSEIL D'ÉTAT (Palais du).......	Central.	
6	CONSEIL de guerre (*et* prison du)...	Saints-Pères.	
9	CONSERVATOIRE (Rue du).........	S'*-Cécile.	
9	CONSERVATOIRE de musique.......	S'*-Cécile.	
18	CONSTANCE (Rue).............	Montmartre.	
18	CONSTANTINE (Impasse de).......	Montmartre.	
4-5	CONSTANTINE (Pont de)..........	B. S'-Germain.	
4	CONSTANTINE (Rue de)...........	Pl. S'-Michel.	
14	CONSTANTINE-VAUGIRARD (Rue de)...	Montrouge.	
8	CONSTANTINOPLE (Rue de)........	Pl. Havre.	
3	CONTÉ (Rue)................	P. S'-Denis.	
6	CONTI (Place, quai, impasse)......	Saints-Pères.	
12	CONTRESCARPE (Boulevard).......	R. de Lyon.	

ARRON-DIS-SEMENT.	NOMS DES RUES, PLACES, BOULEVARDS, ETC.	BUREAU DISTRIBUTEUR.	
1	CONTRIBUTIONS DIRECTES (D^{on} gén^{le} des).. (Ministère des Finances.)	Pl. Vendôme.	
4	CONT^{ons} DIN^{tes} du dép^t de la Seine (D^{on} des). (Rue Poultier, n° 9.)	H. Ville.	
1	CONTRIBUTIONS IND^{tes} (Dir^{on} gén^{le} des). (Ministère des Finances.)	Pl. Vendôme.	
8	COPENHAGUE (Rue de).............	Pl. Havre.	
16	COPERNIC (Rue)...............	Ternes.	
15	COPREAUX (Rue)...............	Vaugirard.	
8	COQ (Avenue du)...............	Pl. Havre.	
1	COQ-HÉRON (Rue)...............	H. Postes.	
4	COQ-SAINT-JEAN (Rue, impasse du)..	H. Ville.	
9	COQUENARD (Cité, passage)........	R. Lafayette.	
1	COQUILLIÈRE (Rue).............	H. Postes.	
12	CORBE (Rue, passage)...........	Bercy.	
10	CORBEAU (Rue)...............	Chât.-d'Eau.	
12	CORBINEAU (Rue)...............	Bercy.	
1	CORBY (Passage)............... (Palais-Royal.)	Av. Napoléon.	
13	CORDELIÈRES (Rue des)..........	Halle Cuirs.	
14	CORDERIE (Impasse de la)........	Montrouge.	
3	CORDERIE (Petite-Rue, place de la)..	Chât.-d'Eau.	
5	CORDIERS (Rue des)............	Sénat.	
16	CORNEILLE (Avenue, impasse)......	Auteuil.	
6	CORNEILLE (Rue).............	Sénat.	
13	CORNES (Rue des).............	Halle Cuirs.	

ARRON-DIS-SEMENT.	NOMS DES RUES, PLACES, BOULEVARDS, ETC.	BUREAU DISTRIBUTEUR.	
7	Corps législ.^{tif} (Pal. et hôtel du Prés.^t du).	Central.	
18	Cortot (Rue)................	Montmartre.	
8	Corvetto (Rue)...............	B. Courcelles.	
15	Corvisart (Passage)............	Grenelle.	
13	Corvisart (Rue)...............	Halle Cuirs.	
1	Cossonnerie (Rue de la)........	Halles-Centr.	
14	Coste (Impasse)...............	Montrouge.	
12	Côte-d'Or (Impasse, rue de la)...	Bercy.	
5	Côte-d'Or (Rue de la).......... (Entrepôt.)	B. St-Germain.	
15	Cotentin (Rue de).............	Vaugirard.	
16	Cothenet (Impasse)............ (Rue de la Faisanderie, n° 8.)	Passy.	
12	Cotte (Rue de)................	G. de Lyon.	
18	Cottin (Passage)..............	Montmartre.	
12	Coucous (Chemin des)..........	Pl. du Trône.	
14	Couesnon (Rue)...............	Montrouge.	
13	Coupe-des-Terres-au-Curé (Chemin).	Gobelins.	
6	Cour-de-Rohan (Impasse de la)....	Pl. St-Michel.	
20	Cour-des-Noues (Rue de la)......	Belleville.	
20	Courat (Rue).................	Prince-Eug.	
1	Courbaton (Impasse)........... (Rue de l'Arbre-Sec, n° 25.)	Av. Napoléon.	
17	Courcelles (Boulevard de).......	B. Courcelles.	
17	Courcelles (Porte de)..........	B. Courcelles.	

ARRON-DIS-SEMENT.	NOMS DES RUES, PLACES, BOULEVARDS, ETC.	BUREAU DISTRIBUTEUR.	
8	COURCELLES (Rue de) :		
	1, 2 à 29, 24	Ch.-Élysées.	
	31, 26 à fin	B. Courcelles.	
17	COURCELLES-BATIGNOLLES (Rue de).. (Nº 136, en dehors des fortifications.)	B. Courcelles.	
18	COURONNES (Impasse des) . . . . (Rue Polonceau.)	La Chapelle.	
20	COURONNES (Impasse des)	Belleville.	
20	COURONNES (Rue des)	Belleville.	
8	COURS LA REINE (Le)	Ch.-Élysées.	
1	COURTALON (Rue).	Halles-Centr.	
11	COURTILLE (Caserne de la)	Chât.-d'Eau.	
7	COURTY (Rue de)	Central.	
20	COUSIN (Cité).	Belleville.	
18	COUSTOU (Rue)	Montmartre.	
4	COUTELLERIE (Rue de la)	H. Ville.	
3	COUTURES-SAINT-GERVAIS (Rue des)..	Vieilles-Haud.	
13	COYPEL (Rue).	Gobelins.	
6	CRÉBILLON (Rue).	Sénat.	
1	CRÉDIT FONCIER (Administration du) .	Pl. Vendôme.	
1	CRÉDIT MOBILIER (Société du) . . . . . (Place Vendôme.)	Pl. Vendôme.	
12	CREPIER (Cour).	Bercy.	
9	CRETET (Rue).	R. Lafayette.	
4	CRILLON (Rue).	R. de Lyon.	

ARRON-DIS-SEMENT.	NOMS DES RUES, PLACES, BOULEVARDS, ETC.	BUREAU DISTRIBUTEUR.	
19	CRIMÉE (Rue de) :		
	1, 2 à	Belleville.	
	à fin	Villette.	
20	CRINS (Impasse des)	Prince-Eug.	
14	CROISADES (Rue des)	Montrouge.	
2	CROISSANT (Rue du)	Bourse.	
12	CROIX (Rue de la)	Bercy.	
16	CROIX-AUTEUIL (Rue de la)	Auteuil.	
16	CROIX-BOISSIÈRE (Impasse de la)	Ch.-Élysées.	
13	CROIX-JARRY (Rue de la)	G. d'Orléans.	
15	CROIX-NIVERT (Rue de la)	Grenelle.	
6	CROIX-ROUGE (Carrefour, place de la)	Saints-Pères.	
13	CROIX-ROUGE (Rue Vieille-de-la)	Gobelins.	
1	CROIX-DES-PETITS-CHAMPS (Rue)	H. Postes.	
20	CROIX-SAINT-SIMON (Rue de la)	Prince-Eug.	
13	CROULEBARBE (Rue)	Halle Cuirs.	
12	CROZATIER (Rue)	G. de Lyon.	
11	CRUSSOL (Cité, rue de)	Chât.-d'Eau.	
18	CUGNOT (Rue)	La Chapelle.	
5	CUIRS (Halle aux)	Halle Cuirs.	
5	CUJAS (Rue)	Sénat.	
13	CULETTES ou RECULETTES (Ruelle des)	Gobelins.	

ARRON-DIS-SEMENT.	NOMS DES RUES, PLACES, BOULEVARDS, ETC.	BUREAU DISTRIBUTEUR.	
1	CULTES (Administration des)....... (Place Vendôme, n° 13.)	Pl. Vendôme.	
4	CULTURE-SAINTE-CATHERINE (Caserne). (Pompiers.)	H. Ville.	
3	CUNIN-GRIDAINE (Rue)...........	Vieilles-Haud.	
16	CURE (Rue de la)...............	Auteuil.	
18	CURÉ (Ruelle du)..............	La Chapelle.	
19	CURIAL (Rue).................	Villette.	
18	CUSTINE (Rue)................	Montmartre.	
5	CUVIER (Rue).................	B. St-Germain.	
1	CYGNE (Rue du)..............	Halles-Centr.	
15	CYGNES (Île des).............	Grenelle.	

D

14	DAGUERRE (Rue)..............	Montrouge.	
2	DALAYRAC (Rue)..............	Bourse.	
17	DAMES (Rue des)..............	R. St-Pétersb.	
7	DAMES-DE-LA-Vᶜᴿ-DE-Sᵗᵉ-MARIE (Rue des).	Central.	
5	DAMES SAINT-MICHEL (Couvent des).	Sénat.	
13	DAMESMES (Rue)	Gobelins.	
2	DAMIETTE (Rue de)............	P. St-Denis.	
11	DAMOYE (Cour, passage)	R. de Lyon.	
19	DAMPIERRE (Rue)..............	Villette.	
18	DAMRÉMONT (Rue)	Montmartre.	

ARRON-DIS-SEMENT.	NOMS DES RUES, PLACES, BOULEVARDS, ETC.	BUREAU DISTRIBUTEUR.
18	DANCOURT (Place)...............	Montmartre.
16	DANGEAU (Rue).................	Auteuil.
18	DANGER (Impasse).	Av. Clichy.
14	DANVILLE (Rue)....'...........	Montrouge.
8	DANY (Impasse)..............	Pl. Havre.
17	DARCET (Rue).................	R. St-Pétersb.
20	DARCY (Rue)	Belleville.
14	DAREAU (Rue).................	Montrouge.
8	DARU (Rue)...................	B. Courcelles.
5	DAUBENTON (Rue).............	Halle Cuirs.
12	DAUMESNIL (Avenue) :	
	1, 2 à 25, 24...........	R. de Lyon.
	27, 26 à 129, 80	G. de Lyon.
	131, 82 à 195, 174.......	Bercy.
	197, 176 à fin..........	Pl. du Trône.
1	DAUPHIN (Rue du)............	Pl. Vendôme.
6	DAUPHINE (Passage)...........	Saints-Pères.
16	DAUPHINE (Porte).............	Ternes.
6-1	DAUPHINE (Rue, place).........	Pl. St-Michel.
17	DAUTANCOURT (Rue)...........	Av. Clichy.
11	DAVAL (Rue).................	R. de Lyon.
16	DAVID (Rue).................	Passy.

ARRON-DIS-SEMENT.	NOMS DES RUES, PLACES, BOULEVARDS, ETC.	BUREAU DISTRIBUTEUR.	
20	Davoust (Boulevard) :		
	2 à 32.................	Prince-Eug.	
	34 à fin...............	Pl. du Trône.	
17	Davy (Rue).................	Av. Clichy.	
17	Débarcadère (Rue du)..........	Ternes.	
3	De Belleyme (Rue) :		
	1, 2 à 25, 34...........	Vieilles-Haud.	
	27, 36 à fin............	Chât.-d'Eau.	
11	Debile (Cour)...............	Prince-Eug.	
16	Decamps (Rue)...............	Passy.	
1	Déchargeurs (Rue des).........	Halles-Cent.	
14	Degrès (Rue)...............	Montrouge.	
2	Degrés (Rue des).............	P. St-Denis.	
5	Degrés (Petite-Rue des).........	Pl. St-Michel.	
3	Déjazet (Théâtre)........ .... (Boulevard du Temple, n° 41.)	Chât.-d'Eau.	
18	Dejean (Rue)...............	Montmartre.	
8	Delaborde (Rue, place).........	Pl. Havre.	
18	Delacroix (Passage)...........	Av. Clichy.	
20	Delaitre (Rue)...............	Belleville.	
14	Delambre (Rue)..............	R. Rennes.	
12	Delaplace (Rue).............	Bercy.	
16	Delaroche (Rue)..............	Passy.	

ARRON-DIS-SEMENT.	NOMS DES RUES, PLACES, BOULEVARDS, ETC.	BUREAU DISTRIBUTEUR.	
18	DELARUELLE (Passage)............	Av. Clichy.	
11	DELAUNAY (Impasse).............	Prince-Eug.	
15	DELECOURT (Avenue, passage).... (Rue Violet, n° 55.)	Grenelle.	
11	DELÉPINE (Cité)...............	Prince-Eug.	
19	DELESSE (Rue, impasse).........	Belleville.	
16	DELESSERT (Rue)..............	Passy.	
10	DELESSERT *ou* FEUILLET (Passage)..	B. de Strasb.	
1	DELORME (Passage)............	Av. Napoléon.	
4	DELORME (Rue)...............	R. de Lyon.	
8	DELORME (Square)............ (Rue de Courcelles, n° 30.)	B. Courcelles.	
9	DELTA (Rue du)...............	G. du Nord	
18	DEMI-LUNE (Place de la).......... (Grande-Rue de la Chapelle, n° 148.)	La Chapelle.	
17	DEMOURS (Rue) :		
	1, 2 à 55, 76............	Ternes.	
	57, 78 à fin.............	B. Courcelles.	
10	DENAIN (Boulevard)............	G. du Nord.	
20	DÉNOYEZ (Rue)...............	Belleville.	
14	DEPARCIEUX (Rue).............	Montrouge.	
14-15	DÉPART (Rue du)..............	R. Rennes.	
19-18	DÉPARTEMENT (Rue du) :		
	1, 2 à 17, 18...........	Villette.	
	19, 20 à fin.............	La Chapelle.	

ARRON-DIS-SEMENT.	NOMS DES RUES, PLACES, BOULEVARDS, ETC.	BUREAU DISTRIBUTEUR.
1	Dépôt de la Préfecture de police ...	Pl. St-Michel.
7	Dépôt de recrutement de la Seine..	Central.
11	Dépôt des condamnés	Prince-Eug.
7	Dépôts et Consignations (Caisse des).	Central.
19	Dépotoir (Rue, impasse du)	Villette.
15	Desaix (Rue)..............	École milit.
16	Désaugiers (Rue)............	Auteuil.
16	Desbordes-Valmore (Rue).......	Passy.
5	Descartes (Rue)	B. St-Germain.
20	Deschamps (Passage)..........	Belleville.
17	Descombes (Rue)............	Ternes.
8-9	De Sèze (Rue)..............	Madeleine.
2	Desforges (Rue).............	P. St-Denis.
7	Desgenettes (Rue)	École milit.
19	Desgrais (Passage)..........	Villette.
13	Desgranges (Passage).........	Gobelins.
10	Désir (Passage du)	P. St-Denis.
13	Désirée (Impasse ou rue Neuve-) ..	Gobelins.
20	Désirée (Rue)	Belleville.
15	Desnouettes (Rue)	Vaugirard.
16	Despréaux (Avenue)..........	Auteuil.
14	Desprez (Rue)..............	Montrouge.

ARRON-DIS-SEMENT.	NOMS DES RUES, PLACES, BOULEVARDS, ETC.	BUREAU DISTRIBUTEUR.	
17	DESRENAUDES (Rue).............	B. Courcelles.	
12	DESROCHES (Cour).............	Bercy.	
6	DESSIN (Écoles gratuites de)....... (Rue de l'École-de-Médecine, n° 5.)	Sénat.	
6	DEUX-ANGES (Impasse des)........ (Rue Saint-Benoît, n° 8.)	Saints-Pères.	
1	DEUX-BOULES (Rue des).........	Halles-Centr.	
17	DEUX-COUSINS (Impasse des)....... (Rue de la Fontaine, n° 9.)	Ternes.	
1	DEUX-ÉCUS (Rue des)...........	H. Postes.	
4	DEUX-ERMITES (Rue des)........	Pl. St-Michel.	
18	DEUX-FRÈRES (Impasse, chemin des).	Montmartre.	
1	DEUX-PAVILLONS (Place des)....... (Rue Beaujolais, n° 8.)	Av. Napoléon.	
4	DEUX-PONTS (Rue des)..........	B. St-Germain.	
4	DEUX-PORTES-SAINT-JEAN (Rue des).	H. Ville.	
2	DEUX-PORTES-St-SAUVEUR (Rue des).	H. Postes.	
11	DEUX-SOEURS (Cour des).......... (Rue de Charonne, n° 24.)	R. de Lyon.	
9	DEUX-SOEURS (Impasse, place des)..	R. Lafayette.	
6	DEVILLAS (Hospice)	Sénat.	
20	DHUYS (Rue de la)	Belleville.	
18	DIARD (Rue)................	Montmartre.	
17	DIDELOT-GEOFFROY (Passage)......	R. St-Pétersb.	
13	DIECK (Impasse).............	Montrouge.	
17	DIER (Passage)...............	Av. Clichy.	
20	DIEU (Passage)...............	Prince-Eug.	

ARRONDIS-SEMENT.	NOMS DES RUES, PLACES, BOULEVARDS, ETC.	BUREAU DISTRIBUTEUR.	
10	Dieu (Rue)	Chât.-d'Eau.	
20	Dives (Sentier des).............	Prince-Eug.	
10	Docks-Napoléon	Chât.-d'Eau.	
13	Docks-Navet	G. d'Orléans.	
17	Docteur (Rue du).............	Av. Clichy.	
12	Dolleans (Cour)...............	Bercy.	
5	Domat (Rue).................	Pl. St-Michel.	
16	Dôme (Rue du)..............	Ternes.	
15	Dombasle (Rue).............	Vaugirard.	
13	Domremy (Rue de) :		
	1, 2 à 13, 10.............	G. d'Orléans.	
	15, 12 à fin.............	Gobelins.	
16	Donizetti (Rue).............	Auteuil.	
13	Doré (Cité)	Gobelins.	
16	Dosne (Rue).................	Passy.	
9	Douai (Rue de) :		
	1, 2 à 35, 38...........	R. Lafayette.	
	37, 40 à fin.............	R. St-Pétersb.	
10	Douane (Rue de la)...........	Chât.-d'Eau.	
10	Douane de Paris (La)...........	Chât.-d'Eau.	
19	Douane de Paris (Nouvelle).......	Villette.	
1	Douanes (Direction générale des)... (Ministère des Finances.)	Pl. Vendôme.	

ARRON-DIS-SEMENT.	NOMS DES RUES, PLACES, BOULEVARDS, ETC.	BUREAU DISTRIBUTEUR.	
18	DOUDEAUVILLE (Rue, place).......	La Chapelle.	
8	DOUZE-MAISONS (Place des)........	Ch.-Élysées.	
6	DRAGON (Rue, cour, passage du)....	Saints-Pères.	
18	DREVET (Rue).................	Montmartre.	
11	DRIANCOURT (Impasse)..........	G. de Lyon.	
5	DROIT (École de).............	Sénat.	
4	DROITS d'entrée (Direction des).... (Hôtel de Ville.)	H. Ville.	
15	DROUET (Passage).............	Vaugirard.	
9	DROUOT (Carrefour)...........	R. Lafayette.	
9	DROUOT (Rue) :		
	1, 2 à 15, 22............	Bourse.	
	17, 24 à fin............	R. Lafayette.	
11	DRUINOT (Impasse)............ (Rue de Cîteaux, n° 10.)	G. de Lyon.	
10	DUBAIL (Passage)............. (Rue du Faubourg-Saint-Martin, n° 120.)	R. de Strasb.	
20	DUBOIS (Impasse).............	Belleville.	
10	DUBOIS (Maison de santé)........	R. de Strasb.	
13	DUBOIS (Passage).............	Gobelins.	
19	DUBOIS (Passage).............	Villette.	
12	DUCHAUSSOY (Cour)...........	Bercy.	
14	DUCOUËDIC (Rue).............	Montrouge.	
12	DUCRUIX (Cour).............	Bercy.	
20	DUÉE (Rue de la).............	Belleville.	

ARRONDIS-SEMENT.	NOMS DES RUES, PLACES, BOULEVARDS, ETC.	BUREAU DISTRIBUTEUR.	
16	DUFRÉNOY (Rue)...............	Passy.	
12	DUGOMMIER (Rue)...............	École milit.	
6	DUGUAY-TROUIN (Rue)...........	Bercy.	
15	DUGUESCLIN (Rue, passage).......	R. Rennes.	
18	DUHESME (Rue)...............	Montmartre.	
15	DULAC (Passage)...............	R. Rennes.	
17	DULONG (Rue) :		
	1, 2 à 41, 48............	R. St-Pétersb.	
	43, 50 à fin............	Av. Clichy.	
13	DUMERIL (Rue)...............	Halle Cuirs.	
16	DUMONT-D'URVILLE (Rue)........	Ch.-Élysées.	
10-9	DUNKERQUE (Rue de) :		
	1, 2 à 7, 6............	R. de Strasb.	
	9, 8 à fin............	G. du Nord.	
13	DUNOIS (Rue)...............	G. d'Orléans.	
9	DUPERRÉ (Rue)...............	R. Lafayette.	
3	DUPETIT-THOUARS (Rue)........	Chât.-d'Eau.	
1-8	DUPHOT (Rue)...............	Madeleine.	
15	DUPIN (Rue)...............	R. Rennes.	
6	DUPLEIX (Rue, ruelle, place, caserne).	École milit.	
11	DUPONT (Cité)............... (Rue Saint-Maur-Popincourt.)	Prince-Eug.	
16	DUPONT (Impasse).............	Ternes.	

ARRON-DIS-SEMENT.	NOMS DES RUES, PLACES, BOULEVARDS, ETC.	BUREAU DISTRIBUTEUR.
14	Dupuis (Impasse)	Montrouge.
18	Dupuis (Passage)	La Chapelle.
3	Dupuis (Rue)	Chât.-d'Eau.
6	Dupuytren (Rue, musée)	Sénat.
7	Duquesne (Avenue)	École milit.
11	Duranti (Rue)	Prince-Eug.
18	Durantin (Rue)	Montmartre.
8	Duras (Rue de)	Madeleine.
18	Durel (Cité, impasse)	Av. Clichy.
16	Duret (Rue)	Ternes.
20	Duris (Rue de)	Belleville.
11	Durmar (Cité)	Prince-Eug.
12	Durnerin (Cour)	Bercy.
7	Duroc (Rue)	École milit.
17	Duruflet (Cité)	B. Courcelles.
15	Dutot (Place) (Rond-point des Tournelles.)	Vaugirard.
15	Dutot (Rue)	Vaugirard.
7	Duvivier (Rue)	Central.

E

ARRON-DIS-SEMENT.	NOMS DES RUES, PLACES,	BUREAU
16	Eaux (Passage des)	Passy.
4	Eaux clarifiées (Établissement des). (Quai des Célestins, n° 24.)	R. de Lyon.

ARRON-DIS-SEMENT.	NOMS DES RUES, PLACES, BOULEVARDS, ETC.	BUREAU DISTRIBUTEUR.	
12	ÉBERT (Passage)................	G. de Lyon.	
7	ÉBLÉ (Rue)	École milit.	
6	ÉCHAUDÉ-SAINT-GERMAIN (Rue de l').	Saints-Pères.	
1	ÉCHELLE (Rue de l').............	Av. Napoléon.	
3	ÉCHIQUIER (Impasse de l')	Vieilles Haud.	
10	ÉCHIQUIER (Rue de l') :		
	1, 2, à 33, 36............	P. St-Denis.	
	35, 38 à fin.............	Ste-Cécile.	
17	ÉCLUSE (Rue de l').	R. St-Pétersb.	
	(Voir rue Lécluse.)		
10	ÉCLUSES-SAINT-MARTIN (Rue des)...	R. de Strasb.	
9	ÉCOLE (Impasse de l')...........	R. Lafayette.	
1	ÉCOLE (Place, port, quai de l')....	Av. Napoléon.	
6	ÉCOLE-DE-MÉDECINE (Place de l')....	Sénat.	
6	ÉCOLE-DE-MÉDECINE (Rue de l') :		
	1, 2 à 47, 42	Sénat.	
	49, 44 à fin.............	Saints-Pères.	
7	ÉCOLE MILITAIRE (Caserne de l')....	École milit.	
5	ÉCOLE-POLYTECHNIQUE (R., pl. de l').	B.St-Germain.	
5	ÉCOLES (Rue des) :		
	1, 2 à 19, 50.............	B.St-Germain.	
	21, 52 à fin.	Pl. St-Michel.	
15	ÉCOLES-COMMUNALES (Passage des)..	Grenelle.	

ARRON-DIS-SEMENT.	NOMS DES RUES, PLACES, BOULEVARDS, ETC.	BUREAU DISTRIBUTEUR.	
	ÉCOLES :		
14	ÉCOLE d'Accouchement........... (A la Maternité.)	Montrouge.	
3	—— des Arts et Manufactures.... (Rue des Coutures-Saint-Gervais.)	Vieilles-Haud.	
6	—— des Beaux-Arts..............	Saints-Pères.	
3	—— des Chartes .... (Rue du Chaume, n° 14.)	Vieilles-Haud.	
9	—— du Commerce .... (Collége Chaptal.)	Pl. Havre.	
6	—— de Dessin................. (Rue de l'École-de-Médecine, n° 5.)	Sénat.	
5	—— de Droit.................	Sénat.	
7	—— d'État-Major..............	Central.	
9	—— François Iᵉʳ .... (Collége Chaptal.)	Pl. Havre.	
4	—— Israélite................. (Place du Marché-des-Blancs-Manteaux, n° 6.)	H. Ville.	
9	—— Lyrique.................. (Rue de la Tour-d'Auvergne.)	R. Lafayette.	
6	—— de Médecine..............	Sénat.	
6	—— des Mines................	Sénat.	
7	—— de Natation du pont Royal...	Saints-Pères.	
4	—— de Natation de l'île Sᵗ-Louis..	B. Sᵗ-Germain.	
1	—— de Natation Henri IV....... (Pont-Neuf.)	Pl. Sᵗ-Michel.	
5	—— Normale supérieure.......	Sénat.	
5	—— de Pharmacie.............	Halle Cuirs.	
5	—— Polytechnique............	B. Sᵗ-Germain.	
7	—— des Ponts et Chaussées......	Saints-Pères.	
5	—— de Théologie .... (A la Sorbonne.)	Sénat.	

ARRON-DIS-SEMENT.	NOMS DES RUES, PLACES, BOULEVARDS , ETC.	BUREAU DISTRIBUTEUR.	
3	ÉCOLE Turgot.................. (Rue du Vertbois, n° 17.)	Chât.-d'Eau.	
5	ÉCOSSE (Rue d')...............	Sénat.	
4	ÉCOUFFES (Rue des)............	H. Ville.	
8	ÉCURIES-D'ARTOIS (Rue des).......	Ch.-Élysées.	
7	ÉCURIES de l'Empereur...........	École milit.	
20	ÉCUYERS (Sentier des)...........	Prince-Eug.	
17	ÉGELEY (Cité)................ (Rue de l'Entrepôt, n° 6.)	Av. Clichy.	
4	ÉGINHARD (Rue).	H. Ville.	
15	ÉGLISE (Imp., place, pourtour, rue de l').	Grenelle.	
20	ÉGLISE-CHARONNE (Place de l').....	Prince-Eug.	
18	ÉGLISE-MONTMARTRE (Place de l')...	Montmartre.	
16	ÉGLISE-PASSY (Place, rue de l').....	Passy.	
12	ÉGLISE-SAINT-MANDÉ (Rue de l')....	Pl. du Trône.	
17	ÉGLISE-TERNES (Place de l').......	Ternes.	
19	ÉGLISE-VILLETTE (Place de l').....	Villette.	
	ÉGLISES, TEMPLES, SYNAGOGUES.		
7	ÉGLISE de l'Abbaye-aux-Bois.......	Saints-Pères.	
16	———— de l'Annonciation, à Passy..	Passy.	
1	———— de l'Assomption..........	R. Boissy.	
15	———— de l'Assomption, à Vaugirard	Vaugirard.	
4	———— des Billettes (Temple)...... (Luthériens.)	H. Ville.	
4	———— des Blancs-Manteaux.......	H. Ville.	

ARRONDIS-SEMENT.	NOMS DES RUES, PLACES, BOULEVARDS, ETC.	BUREAU DISTRIBUTEUR.	
	ÉGLISES, TEMPLES, SYNAGOGUES. (Suite.)		
6	ÉGLISE des Carmes.............	Sénat.	
3	—— des Israélites (Synagogue)... (Rue Notre-Dame-de-Nazareth.)	Chât.-d'Eau.	
9	—— des Israélites portugais (Synag.). (Rue Lamartine, n° 23.)	R. Lafayette.	
8	—— de la Madeleine..........	Madeleine.	
7	—— des Missions-Étrangères. . . .	Central.	
4	—— Notre-Dame (Métropole)....	Pl. St-Michel.	
13	—— Notre-Dame, à Ivry.......	G. d'Orléans.	
16	—— Notre-Dame d'Auteuil......	Auteuil.	
4	—— Notre-Dame-des-Blancs-Manteaux.	H. Ville.	
12	—— Notré-Dame de Bercy......	Bercy.	
2	—— Notre-Dame-de-Bonne-Nouvelle.	P. St-Denis.	
6	—— Notre-Dame-des-Champs....	R. Rennes.	
20	—— Notre-Dame-de-la-Croix, à Belleville....	Belleville.	
9	—— Notre-Dame-de-Lorette.....	R. Lafayette.	
3	—— Notre-Dame-de-Nazareth (Synag.)	Chât.-d'Eau.	
6	—— Notre-Dame-de-Sion.......	R. Rennes.	
2	—— Notre-Dame-des-Victoires...	Bourse.	
12	—— Oratoire Saint-Antoine.....	R. de Lyon.	
1	—— Oratoire calviniste.........	Av. Napoléon.	
7	—— Panthémont (Temple calviniste)	Central.	
2	—— des Petits-Pères..........	Bourse.	

ARRON-DIS-SEMENT.	NOMS DES RUES, PLACES, BOULEVARDS, ETC.	BUREAU DISTRIBUTEUR.	
	ÉGLISES, TEMPLES, SYNAGOGUES. (Suite.)		
8	ÉGLISE des Protestants anglais (Temple). (Avenue Marbeuf, n° 10 *bis.*)	Ch.-Élysées.	
9	——— de la Rédemption (Temple) . (Luthériens.)	Bourse.	
8	——— Russe..................	B. Courcelles.	
5	——— de la Sorbonne..........	Sénat.	
11	——— Saint-Ambroise..........	Prince-Eug.	
9	——— Saint-André.............	R. Lafayette.	
12	——— St-Antoine ou des Quinze-Vingts.	R. de Lyon.	
8	——— Saint-Augustin..........	Pl. Havre.	
7	——— Sainte-Clotilde..........	Central.	
18	——— Saint-Denis, à la Chapelle..	La Chapelle.	
3	——— Saint-Denis-du-St-Sacrement.	Vieilles-Haud.	
3	——— Sainte-Élisabeth.........	Chât.-d'Eau.	
12	——— Saint-Éloi..............	Pl. du Trône.	
5	——— Saint-Étienne-du-Mont.....	B.St-Germain.	
9	——— Saint-Eugène.	Ste-Cécile.	
1	——— Saint-Eustache..........	Halles-Centr.	
17	——— Saint-Ferdinand des Ternes .	Ternes.	
7	——— Saint-François-Xavier......	École milit.	
5	——— Sainte-Geneviève.........	Sénat.	
1	——— Saint-Germain-l'Auxerrois...	Av. Napoléon.	
20	——— Saint-Germain-l'Auxerrois, à Charonne..	Prince-Eug.	

ARRON-DIS-SEMENT.	NOMS DES RUES, PLACES, BOULEVARDS, ETC.	BUREAU DISTRIBUTEUR.	
	ÉGLISES, TEMPLES, SYNAGOGUES. (Suite.)		
6	ÉGLISE Saint-Germain-des-Prés.....	Saints-Pères.	
4	——— Saint-Gervais...........	H. Ville.	
5	——— Saint-Jacques-du-Haut-Pas..	Sénat.	
19	——— St-Jacques et St-Christophe. (Villette.)	Villette.	
15	——— St-Jean-Baptiste, à Grenelle.	Grenelle.	
19	——— St-Jean-Baptiste, à Belleville.	Belleville.	
3	——— Saint-Jean-Saint-François...	Vieilles-Haud.	
10	——— Saint-Joseph...........	Chât.-d'Eau.	
5	——— Saint-Julien-le-Pauvre.....	Pl. St-Michel.	
15	——— Saint-Lambert, à Vaugirard.	Vaugirard.	
10	——— Saint-Laurent..........	R. de Strasb.	
1	——— Saint-Leu-Saint-Gilles.....	Halles-Centr.	
9	——— Saint-Louis-d'Antin.......	Pl. Havre.	
7	——— Saint-Louis-des-Invalides...	Central.	
4	——— Saint-Louis-en-l'Île.......	B.St-Germain.	
13	——— Saint-Marcel........... (Boulevard de l'Hôpital.)	G. d'Orléans.	
13	——— Saint-Marcel, à Gentilly....	Gobelins.	
11	——— Sainte-Marguerite.......	Prince-Eug.	
17	——— Sainte-Marie, aux Batignolles.	Av. Clichy.	
10	——— Saint-Martin...........	Chât.-d'Eau.	
5	——— Saint-Médard..........	Halle Cuirs.	

ARRON-DIS-SEMENT.	NOMS DES RUES, PLACES, BOULEVARDS, ETC.	BUREAU DISTRIBUTEUR.	
	ÉGLISES, TEMPLES, SYNAGOGUES. (Suite.)		
4	ÉGLISE Saint-Merry...............	H. Ville.	
17	——— Saint-Michel, aux Batignolles.	Av. Clichy.	
8	——— Saint-Nicolas............	Ch.-Élysées.	
3	——— Saint-Nicolas-des-Champs...	Vieilles-Haud.	
5	——— Saint-Nicolas-du-Chardonnet.	B.St-Germain.	
4	——— Saint-Paul-et-Saint-Louis....	H. Ville.	
8	——— Saint-Philippe-du-Roule.....	Ch.-Élysées.	
16	——— Saint-Pierre, à Chaillot.....	Ch.-Élysées.	
7	——— Saint-Pierre-du-Gros-Caillou.	Central.	
18	——— Saint-Pierre, à Montmartre..	Montmartre.	
14	——— Saint-Pierre, à Montrouge..	Montrouge.	
1	——— Saint-Roch.............	Av. Napoléon.	
5	——— Saint-Séverin............	Pl. St-Michel.	
6	——— Saint-Sulpice............	Sénat.	
7	——— Saint-Thomas-d'Aquin......	Saints-Pères.	
10	——— Saint-Vincent-de-Paul......	G. du Nord.	
9	——— Taitbout(Chap. évang. réformée). (Rue de Provence, n° 52.)	Central.	
9	——— de la Trinité............	Chât.-d'Eau.	
10	ÉGOUT (Impasse de l')..........	P. St-Denis.	
16	ÉGOUT (Sentier de l')...........	Auteuil.	
6	ÉGOUT-SAINT-GERMAIN (Rue de l')...	Saints-Pères.	

ARRON-DIS-SEMENT.	NOMS DES RUES, PLACES, BOULEVARDS, ETC.	BUREAU DISTRIBUTEUR.	
15	ÉLIE (Rue, impasse).............	Grenelle.	
20	ÉLISA-BOREY (Impasse)........... (Rue des Amandiers, n° 63.)	Belleville.	
8	ÉLYSÉE (Rue de l')..............	R. Boissy.	
18	ÉLYSÉE-DES-BEAUX-ARTS (Pass. de l').	Montmartre.	
8	ÉLYSÉE-NAPOLÉON (Palais de l').....	R. Boissy.	
3	ELZÉVIR (Rue)................	Vieilles-Haud.	
15	ÉMERIAU (Rue)................	Grenelle.	
8	ÉMERY (Impasse)...............	B. Courcelles.	
20	EMMERY (Rue)................	Belleville.	
8-16	EMPEREUR (Avenue de l') :		
	(Probable) 1, 2 à 79, 80 ...	Ch.-Élysées.	
	à fin......	Passy.	
7	EMPEREUR (Écuries de l')........	École milit.	
20	ENCODONCINE (Passage)...........	Pl. du Trône.	
15	ENFANT-JÉSUS (Hospice, imp. de l').	R. Rennes.	
15	ENFANTS (Hospice des)..........	R. Rennes.	
3	ENFANTS-ROUGES (Rue, marché des).	Vieilles-Haud.	
14	ENFANTS-TROUVÉS (Hospice des)....	Montrouge.	
14	ENFER (Boul., pl. de la Barr., cité d').	Montrouge.	
14	ENFER (Rue d'):		
	1, 2 à 49, 60...........	Sénat.	
	51, 62 à fin.....	Montrouge.	

ARRON- DIS- SEMENT.	NOMS DES RUES, PLACES, BOULEVARDS, ETC.	BUREAU DISTRIBUTEUR.	
12	ENGHIEN (Hospice d')............	Pl. du Trône.	
10	ENGHIEN (Rue d').............	St-Cécile.	
1	ENREGISTREMENT (Direc°ⁿ gén^le de l'). (Ministère des Finances.)	Pl. Vendôme.	
2	ENREGISTREMENT (direc°ⁿ de la Seine).	Bourse.	
17	ENTREPÔT (Chemin de ronde de l').. (Rue Cardinet, n° 18.)	Av. Clichy.	
19	ENTREPÔT (Impasse de l').........	La Chapelle.	
17	ENTREPÔT (Rue, passage de l').....	Chât.-d'Eau.	
10	ENTREPÔT (et Rue de l')...........	Av. Clichy.	
19	ENTREPÔT des Douanes............ (Boulevard de la Villette.)	Villette.	
10	ENTREPÔT des Sucres............ (Au Marais.)	Chât.-d'Eau.	
5	ENTREPÔT des Vins..............	B. St-Germain.	
19	ENTREPRENEURS (Impasse, passage des)	Villette.	
15	ENTREPRENEURS (Rue, passage des)..	Grenelle.	
20	ENVIERGES (R., imp., pass., cité des).	Belleville.	
5	ÉPÉE-DE-BOIS (Rue de l').........	B. St-Germain.	
6	ÉPERON (Rue de l').............	Pl. St-Michel.	
17	ÉPERON (Rue de l').............	Ternes.	
12	ÉPINE (Cour de l')............. (Rue de Charonne, n° 37.)	R. de Lyon.	
17	ÉPINETTES (Rue des)............	Av. Clichy.	
14	ÉPINETTES (Ruelle des)..........	R. Rennes.	
12	ÉRARD (Rue).................	G. de Lyon.	
6	ERFURTH (Rue d').............	Saints-Pères.	

ARRON-DIS-SEMENT.	NOMS DES RUES, PLACES, BOULEVARDS, ETC.	BUREAU DISTRIBUTEUR.	
16	ERLANGER (Rue)................	Auteuil.	
16	ERMITAGE (Avenue de l')........	Auteuil.	
20	ERMITAGE (Rue, villa de l').......	Belleville.	
13	ERNEST (Rue).................	Gobelins.	
18	ERNESTINE (Rue, passage)........	La Chapelle.	
18	ESCALIER BACHELET............	Montmartre.	
7	ESPAGNE (Ambassade d')......... (Quai d'Orsay, n° 25.)	Central	
13	ESPÉRANCE (Rue de l')..........	Gobelins.	
13	ESQUIROL (Rue).............	Gobelins.	
5	ESSAI (Rue de l').............	G. d'Orléans.	
17	ESSLING (Rue d').............	Ternes.	
20	EST (Rue, passage de l')..........	Belleville.	
5-6	EST (Rue de l')............... (Maintenant boulevard Saint-Michel.)	Sénat.	
19	EST-PRADIER (Rue de l')..........	Belleville.	
4	ESTACADE (Passerelle de l')........ (Quai de Béthune.)	H. Ville.	
1	ESTIENNE (Rue)...............	Halles-Centr.	
5	ESTRAPADE (Place, bassins de l')....	Sénat.	
7	ESTRÉES (Rue d').............	École milit.	
1	ÉTAT (Ministère d')............ (Palais des Tuileries.)	Av. Napoléon.	
7	ÉTAT-MAJOR (École d')..........	Central.	
1	ÉTAT-MAJOR de la place..........	Pl. Vendôme.	
1	ÉTAT-MAJOR de la 1re division......	Pl. Vendôme.	

ARRON-DIS-SEMENT.	NOMS DES RUES, PLACES, BOULEVARDS, ETC.	BUREAU DISTRIBUTEUR.	
1	ÉTAT-MAJOR de la garde de Paris... *(Boulevard du Palais.)*	Pl. St-Michel.	
1	ÉTAT-MAJOR de la garde nationale...	Pl. Vendôme.	
4	ÉTAT-MAJOR des sapeurs-pompiers... *(Boulevard du Palais.)*	Pl. St-Michel.	
8	ÉTATS-UNIS (Ambassade des) ...... *(Rue Beaujon, n° 13.)*	Ch.-Élysées.	
2	ÉTOILE (Impasse, passage de l')....	Ch.-Élysées.	
17	ÉTOILE (Cité de l')...............	P. St-Denis.	
8-17	ÉTOILE (Rond-point, place, arc de l').	Ternes.	
17	ÉTOILE (Rue, l')................	P. St-Denis.	
11	ÉTOILE-D'OR (Cour de l'). .... *(Rue du Faubourg-Saint-Antoine, n° 75.)*	R. de Lyon.	
16	EUGÈNE-DELACROIX (Rue).........	Passy.	
12	EUGÈNE-NAPOLÉON (Maison).......	Pl. Trône.	
16	EUGÉNIE (Villa)................ *(Avenue Saint-Denis, n° 65.)*	Ternes.	
8	EULER (Rue)...................	Ch.-Élysées.	
20	EUPATORIA (Rue d')	Belleville.	
8	EUROPE (Place de l')..............	R. St-Pétersb.	
9	ÉVANGÉLIQUE réformée (Chapelle)...	R. Lafayette.	
18	ÉVANGILE (Rue de l')	Chapelle.	
20	ÉVEILLARD (Impasse)............	Belleville.	
1	ÉVÊQUE (Rue de l').............	Av. Napoléon.	
19	ÉVETTE (Rue)..................	Villette.	
16	EXELMANS (Boulevard)...........	Auteuil.	
16	EYLAU (Place d')......	Ternes.	

ARRON- DIS- SEMENT.	NOMS DES RUES, PLACES, BOULEVARDS, ETC.	BUREAU DISTRIBUTEUR.	
16	EYLAU (Avenue d') :		
	1, 2 à 75, 82.	Ternes.	
	77, 84 à fin.	Passy.	
	F		
7	FABERT (Rue).	Central.	
11	FABRIQUES (Cour des).	Chât.-d'Eau.	
	(Rue d'Angoulême, n° 72.)		
5	FACULTÉS des sciences et des lettres.	Sénat.	
	(Sorbonne.)		
13	FAGON (Rue).	Gobelins.	
16	FAISANDERIE (Rue de la).	Passy.	
18	FALAISE (Cité de).	Av. Clichy.	
20	FALAISES (Sentier des).	Belleville.	
17	FALUONY (Impasse, passage).	Av. Clichy.	
20	FANNY-BENOIT (Impasse).	Belleville.	
17	FARADAY (Rue).	B. Courcelles.	
1	FARINES (Halle aux).	H. Postes.	
9	FAUBOURG-MONTMARTRE (Rue du) :		
	1, 2 à 35, 32.	Bourse.	
	37, 34 à fin.	R. Lafayette.	
10	FAUBOURG-POISSONNIÈRE (Rue du) :		
	1, 3 à 105, 84.	Ste-Cécile.	
	107, 86 à fin.	G. du Nord.

6.

ARRON-DIS-SEMENT.	NOMS DES RUES, PLACES, BOULEVARDS, ETC.	BUREAU DISTRIBUTEUR.	
11-12	FAUBOURG-SAINT-ANTOINE (Rue du) :		
	1, 2 à 138, 160............	R. de Lyon.	
	185, 162 à fin.............	Pl. Trône.	
11	FAUBOURG-St-ANTOINE (Pl., pass. du).	R. de Lyon.	
10	FAUBOURG-SAINT-DENIS (Rue du) :		
	1, 2 à 95, 94............	P. St-Denis.	
	97, 96 à fin.............	R. de Strasb.	
8	FAUBOURG-SAINT-HONORÉ (Rue du) :		
	1, 2 à 79, 114...........	R. Boissy.	
	81, 116 à fin............	Ch.-Élysées.	
14	FAUBOURG-SAINT-JACQUES (Rue du).	Montrouge.	
10	FAUBOURG-SAINT-MARTIN (Rue du) :		
	1, 2 à 101, 100..........	P. St-Denis.	
	103, 102 à fin...........	R. de Strasb.	
10-11	FAUBOURG-DU-TEMPLE (Rue du).....	Chât.-d'Eau.	
19	FAUCHEUX (Passage des).......... (Rue de Paris, n° 3.)	Belleville.	
17	FAUCONNIER (Impasse).......... (Rue de Lévis, n° 20.)	B. Courcelles.	
4	FAUCONNIER (Rue du)...........	H. Ville.	
18	FAUVET (Passage).............	La Chapelle.	
17	FAUVET-BATIGNOLLES (Rue)........	Av. Clichy.	
2	FAYART (Rue)................	Bourse.	
15	FAVORITES (Rue, passage des).....	Vaugirard.	

ARRON-DIS-SEMENT.	NOMS DES RUES, PLACES, BOULEVARDS, ETC.	BUREAU DISTRIBUTEUR.	
11	FAYET (Cour).................... (Rue Louis-Philippe.)	R. de Lyon.	
6	FÉLIBIEN (Rue)	Saints-Pères.	
15	FÉLICITÉ (Impasse de la).........	Vaugirard.	
17	FÉLICITÉ (Rue de la)............	Av. Clichy.	
9	FÉNELON (Cité, passage)......... (Rue de la Tour-d'Auvergne, n° 17.)	R. Lafayette.	
10	FÉNELON (Rue)................	G. du Nord.	
15	FENOUX (Rue).................	Vaugirard.	
2	FER (Galerie de) ou BOUFFLERS .... (Boulevard des Italiens, n° 19.)	Bourse.	
5	FER-À-MOULIN (Rue du).........	Halle Cuirs.	
3	FERDINAND-BERTHOUD (Rue).......	P. St-Denis.	
14	FERMAT (Rue)..................	Montrouge.	
20	FERME (Cour de la)............ (Rue de Paris, n° 78.)	Belleville.	
17	FERME (Rue, imp. de la) ou DES FERMIERS.	Av. Clichy.	
15	FERME-DE-GRENELLE (Rue de la)....	École milit.	
8-9	FERME-DES-MATHURINS (Rue de la)..	Madeleine.	
16	FERME MAGU..................	Passy.	
10	FERME-St-LAZARE (Rue, imp. de la)..	Ste-Cécile.	
14	FERME-Ste-ANNE (Hospice de la) ou hospice DE LA SANTÉ.	Montrouge.	
1	FÉRONNERIE (Rue de la).........	Halles-Centr.	
6	FÉROU (Rue, impasse)	Sénat.	
12	FERRAND (Cour)...............	Bercy.	
14	FERRUS (Rue).................	Montrouge.	

ARRON-DIS-SEMENT.	NOMS DES RUES, PLACES, BOULEVARDS, ETC.	BUREAU DISTRIBUTEUR.	
19	FESSART (Rue, impasse)............	Belleville.	
17	FÊTE (Pl. de la) *ou* DE LA PROMENADE.	Av. Clichy.	
19	FÊTES (Place des)..............	Belleville.	
16	FÊTES (Place des)..............	Auteuil.	
1-2	(Rue d'Auteuil.) FEUILLADE (Rue de la)...........	H. Postes.	
5	FEUILLANTINES (Rue des) :		
	1, 2 à 57, 70...........	Halle Cuirs.	
	59, 72 à fin............	Sénat.	
10	FEUILLET *ou* DELESSERT (Passage)..	R. de Strasb.	
15	FEUQUIÈRES (Ruelle)...........	Vaugirard.	
18	FEUTRIER (Rue)..............	Montmartre.	
2	FEYDEAU (Rue, galerie).........	Bourse.	
10	FIDÉLITÉ (Place de la)..........	R. de Strasb.	
10	FIDÉLITÉ (Rue de la)..........	P. St-Denis.	
4	FIGUIER (Rue du).............	H. Ville.	
14	FIGURES-DE-CIRE (Impasse des)....	R. Rennes.	
5	(Boulevard Montparnasse, n° 75.) FILATURE des Indigents...........	R. de Lyon.	
2-10	(Rue des Tournelles, n° 35.) FILLES-DIEU (Rue des)...........	P. St-Denis.	
3-11	FILLES-DU-CALVAIRE (Boul³, rue des).	Chât.-d'Eau	
2	FILLES-SAINT-THOMAS (Rue des)....	Bourse.	
18	FILLETTES (Rue des)...........	La Chapelle.	
1	FINANCES (Ministère des)........	Pl. Vendôme.	

ARRON-DIS-SEMENT.	NOMS DES RUES, PLACES, BOULEVARDS, ETC.	BUREAU DISTRIBUTEUR.	
12	FINET (Cour)	Bercy.	
20	FINET (Impasse) .... (Rue des Amandiers, n° 88.)	Belleville.	
19	FLANDRE (Rue, pont de)	Villette.	
16	FLANDRIN (Boulevard)	Passy.	
9	FLÉCHIER (Rue)	R. Lafayette.	
14	FLEURIMONT (Impasse)	Montrouge.	
8	FLEURS (Cité des) .... (Avenue Montaigne, n° 79.)	Ch.-Élysées.	
17	FLEURS (Cité des)	Av. Clichy.	
8	FLEURS (Marché aux) .... (Place de la Madeleine.)	Madeleine.	
4	FLEURS (Marché aux) .... (Place Lobau.)	H. Ville.	
10	FLEURS (Marché aux) .... (Château-d'Eau.)	Chât.-d'Eau.	
6	FLEURS (Marché aux) .... (Place Saint-Sulpice.)	Sénat.	
6	FLEURUS (Rue de) :		
	1, 2 à 9, 18	Sénat.	
	11, 20 à fin	R. Rennes.	
18	FLEURY (Rue de)	La Chapelle.	
8	FLORENCE (Rue de)	R. St-Pétersb.	
19	FLORENCE (Rue, impasse, cité)	Belleville.	
17	FLORENTINE (Passage)	Av. Clichy.	
20	FLORIAN (Rue)	Prince-Eug.	
16	FODOR-PASSY (Villa)	Passy.	
3	FOIN-AU-MARAIS (Rue du)	R. de Lyon.	

ARRON-DIS-SEMENT.	NOMS DES RUES, PLACES, BOULEVARDS, ETC.	BUREAU DISTRIBUTEUR.	
11	FOLIE-GENLIS (Impasse de la)...... (Rue des Amandiers, n° 28.)	Prince-Eug.	
11	FOLIE-MÉRICOURT (Rue de la):		
	1, 2 à 51, 54.............	Prince-Eug.	
	53, 56 à fin.............	Chât.-d'Eau.	
11	FOLIE-REGNAULT (Rue de la)......	Prince-Eug.	
11	FOLIES-DRAMATIQUES (Théât.,pass.des)	Chât.-d'Eau.	
8	FOLIES-MARIGNY (Théâtre des).....	R. Boissy.	
15	FONDARY-GRENELLE (Rue, impasse).	Grenelle.	
15	FONDARY-VAUGIRARD (Rue)........ (Projetée.)	Vaugirard.	
11	FONDERIE (Passage de la)........	Chât.-d'Eau.	
12	FONDS-VERTS (Rue des).........	Bercy.	
10	FONTAINE (Cité)............... (Rue de la Chopinette, n° 32.)	Chât.-d'Eau.	
17	FONTAINE (Cité)............... (Rue Lemercier.)	Batignolles.	
17	FONTAINE (Rue, impasse de la).....	Ternes.	
16	FONTAINE-AUTEUIL (Rue de la).....	Auteuil.	
20	FONTAINE-CHARONNE (Rue de la)....	Belleville.	
13	FONTAINE-À-MULARD (Chemin de la).	Gobelins.	
11	FONTAINE-AU-ROI (Rue).........	Chât.-d'Eau.	
17	FONTAINE-DES-TERNES (R., imp. de la).	Ternes.	
18	FONTAINE-DU-BUT (Rue de la)......	Montmartre.	
18	FONTAINE-St-DENIS (Rue, imp. de la).	Montmartre.	
9	FONTAINE-SAINT-GEORGES (Rue de la)	R. Lafayette.	

ARRON-DIS-SEMENT.	NOMS DES RUES, PLACES, BOULEVARDS, ETC.	BUREAU DISTRIBUTEUR.	
1	FONTAINES (Cour des)	Av. Napoléon.	
6	FONTAINES (Cour des) . . . . . . , . . . (Sénat.)	Sénat.	
3	FONTAINES (Rue des)	Chât.-d'Eau.	
5	FONTANES (Rue)	Pl. St-Michel.	
20	FONTARABIE (Rue, ruelle) . . . . . . , . .	Prince-Eug.	
18	FONTENELLE (Rue de la)	Montmartre.	
7	FONTENOY (Place)	École milit.	
16	FONTIS (Rue, chemin des).	Auteuil.	
18	FOREST (Rue)	R. St-Pétersb.	
1	FORÊTS (Administration des) . . . . . . (Ministère des Finances.)	Pl. Vendôme.	
3	FOREZ (Rue du)	Chât.-d'Eau.	
11	FORGE-ROYALE (Rue, impasse de la).	R. de Lyon.	
2	FORGES (Rue des)	P. St-Denis.	
7	FORTIFICATIONS (Dépôt des)	Central.	
31	FORTIN (Avenue)	Gobelins.	
8	FORTIN (Rue)	Ch.-Élysées.	
13	FOSSE-AUX-CHEVAUX (Rue de la). . . .	Gobelins.	
14	FOSSE-AUX-LIONS (Rue, impasse de la)	Montrouge.	
5	FOSSÉS-SAINT-BERNARD (Rue des) . . .	B. St-Germain.	
5	FOSSÉS SAINT-JACQUES (Rue des)	Sénat.	
10	FOSSÉS-SAINT-MARTIN (Rue des)	R. de Strasb.	
5	FOSSÉS-SAINT-VICTOR (Rue des).	B. St-Germain.	

ARRON- DIS- SEMENT.	NOMS DES RUES, PLACES, BOULEVARDS, ETC.	BUREAU DISTRIBUTEUR.	
5	FOUARRE (Rue du)	Pl. St-Michel.	
15	FOUGEAT (Passage) . . . . (Rue Letellier, n° 18.)	Grenelle.	
20	FOULE (Chemin de la)	Pl. Trône.	
19	FOUQUET (Cité, passage) . . . . (Rue Pradier, n° 29.)	Belleville.	
16	FOUR (Sentier du)	Auteuil.	
17	FOURNEYRON (Rue)	Av. Clichy.	
6	FOUR-SAINT-GERMAIN (Rue du)	Saints-Pères.	
5	FOUR-SAINT-JACQUES (Rue du)	Sénat.	
17	FOURCROY (Rue)	Ternes.	
4	FOURCY-SAINT-ANTOINE (Rue de)	H. Ville.	
5	FOURCY-Ste-GENEVIÈVE (Place de) . . .	Sénat.	
15	FOURNEAUX (Rue des) :		
	1, 2 à 53, 52	R. Rennes.	
	55, 54 à fin	Vaugirard.	
17	FOURNIL ou FOURNIAL (Rue)	B. Courcelles.	
12	FOURRAGES militaires (Magasin à) . . . (Quai de la Râpée.)	G. de Lyon.	
10	FOURRAGES (Marché aux)	R. de Strasb.	
1	FOURREURS (Rue des)	H. Ville.	
5	FOURRIÈRE (La)	B. St-Germain.	
19	FOURS-À-CHAUX (Chemin des)	Belleville.	
1	FRANÇAIS (Théâtre)	Av. Napoléon.	
2	FRANÇAISE (Rue)	H. Postes.	

ARRONDISSEMENT.	NOMS DES RUES, PLACES, BOULEVARDS, ETC.	BUREAU DISTRIBUTEUR.	
5	FRANCE (Collége de).............	Sénat.	
18	FRANCE-NOUVELLE (Rue de la)......	Montmartre.	
8	FRANCFORT (Rue de).............	Pl. Havre.	
8	FRANÇOIS Ier (Rue et place)........	Ch.-Élysées.	
16	FRANÇOIS-GÉRARD (Rue)..........	Auteuil.	
4	FRANÇOIS-MIRON (Rue)...........	H. Ville.	
4 3	FRANCS-BOURGEOIS-AU-MARAIS (R., caserne des).	Vieilles-Haud.	
5-13	FRANCS-BOURGEOIS-St-MARCEL (R. des).	Halle Cuirs.	
16	FRANCKLIN (Avenue de la Barrière).	Passy.	
16	FRANKLIN (Rue)...............	Passy.	
15	FRÉMICOURT (Rue).............	Grenelle.	
20	FRÉQUEL (Passage).............	Prince-Eug.	
7	FRÈRES des Éc. chrét. (Maison mère des)	Central.	
16	FREYCINET (Rue)	Ch.-Élysées.	
14	FRIANT (Rue).................	Montrouge.	
8	FRIEDLAND (Avenue)............	Ch.-Élysées.	
9	FROCHOT (Avenue, rue).........	R. Lafayette.	
3	FROISSARD (Rue)...............	Chât.-d'Eau.	
11	FROMENT (Rue)...............	R. de Lyon.	
5	FROMENTEL (Rue).............	Sénat.	
1	FRONDEURS (Rue des)...........	Av. Napoléon.	
4	FRUITS (Marché, port aux)........ (Quai de la Grève.)	H. Ville.	

ARRON-DIS-SEMENT.	NOMS DES RUES, PLACES, BOULEVARDS, ETC.	BUREAU DISTRIBUTEUR.	
13	FULTON (Rue)	G. d'Orléans.	
6	FURSTEMBERG (Rue, place de)......	Saints-Pères.	

G

8	GABRIEL (Avenue)	R. Boissy.	
18	GABRIELLE (Rue)	Montmartre.	
3	GAÎTÉ (Théâtre de la)..........	P. St-Denis.	
14	GAÎTÉ (Rue, impasse de la).......	R. Rennes.	
9	GAILLARD (Cité, passage)........	R. Lafayette.	
8	GAILLARD (Passage)	Ch.-Élysées.	
2	GAILLON (Rue, carrefour, place)....	Bourse.	
5	GALANDE (Rue)...............	Pl. St-Michel.	
2	GALERIES-DE-FER (Passage des).....	Bourse.	
16-8	GALILÉE (Rue de).............	Ch.-Élysées.	
20	GALLERON (Rue)..............	Prince-Eug.	
12	GALLOIS-BERCY (Rue de).........	Bercy.	
17	GALVANI (Rue)..............	Ternes.	
11	GAMBEY (Rue)	Chât.-d'Eau.	
13	GANDON (Ruelle).............	Gobelins.	
6	GARANCIÈRE (Rue)	Sénat.	
16	GARDE nationale (Prison de la).....	Passy.	
18	GARDES (Rue des).............	La Chapelle.	

ARRON-DIS-SEMENT.	NOMS DES RUES, PLACES, BOULEVARDS, ETC.	BUREAU DISTRIBUTEUR.	
13	GARE (Boulevard de la) :		
	1, 2 à 123, 80	G. d'Orléans.	
	125, 82 à fin	Gobelins.	
13	GARE (Port, quai, porte, rue de la). (Le n° 100 du quai de la Gare, hors des fortificat.)	G. d'Orléans.	
19	GARE de Belleville (Ceinture)......	Villette.	
15	GARE (Rue de la).............	Vaugirard.	
18	GAREAU (Rue)................	Montmartre.	
20	GASNIER-GUY (Rue).............	Belleville.	
15	GASPARIN (Rue)...............	Grenelle.	
16	GASTÉ (Rue).................	Ch.-Élysées.	
1	GASTINE (Place) .... (Rue Saint-Denis, n° 75.)	Halles-Centr.	
12	GATBOIS (Place) .... (Rue de Chalon.)	G. de Lyon.	
17	GAUTHEY (Rue)...............	Av. Clichy.	
19	GAUTHIER (Impasse)...........	Belleville.	
8	GAUTRIN (Passage)............	Ch.-Élysées.	
5	GAY-LUSSAC (Rue)	Sénat.	
13	GAZ (Impasse, rue du) .... (Rue ou impasse de la Tripière.)	Gobelins.	
18	GAZ (Usine à).............. (Rue de l'Évangile.)	La Chapelle.	
14	GAZAN (Rue)................	Montrouge.	
7	GÉNIE (Direction du).......... (Ministère de la Guerre.)	Central.	
12	GÉNIE (Passage du) .... (Boulevard Mazas.)	Pl. Trône.	
13	GÉNIE (Rue du)	Gobelins.	

ARRON-DIS-SEMENT.	NOMS DES RUES, PLACES, BOULEVARDS, ETC.	BUREAU DISTRIBUTEUR.	
12	GÉNIE-BERCY (Passage du)........	Bercy.	
12	GENTIL-BERNARD (Passage)........	G. de Lyon.	
13-14	GENTILLY (Porte de)............	Gobelins.	
14	GENTILLY-MONTROUGE (Rue de)....	Montrouge.	
13	GENTILLY-SAINT-MARCEL (Rue de)...	Gobelins.	
17	GEOFFROY-DIDELOT (Passage)......	R. St-Pétersb.	
4	GEOFFROY-LANGEVIN (Rue)........	H. Ville.	
4	GEOFFROY-LASNIER (Rue)........	H. Ville.	
9	GEOFFROY-MARIE (Rue).........	Ste-Cécile.	
5	GEOFFROY-SAINT-HILAIRE (Rue)....	Halle Cuirs.	
14	GÉORAMA (Rue du)............	Montrouge.	
9	GÉRANDO (Rue).............	R. Lafayette.	
13	GÉRARD (Rue, impasse).........	Gobelins.	
15	GERBERT (Rue, place)..........	Vaugirard.	
11	GERBIER (Rue).............	Prince-Eug.	
6	GERBILLON (rue).............	R. Rennes.	
16	GÉRICAULT (Rue)............	Auteuil.	
18	GERMAIN-PILON (Rue)..........	Montmartre.	
5	GERSON (Rue, place)..........	Sénat.	
4	GÈVRES (Quai de)............		
	2 à 10.............	H. Ville.	
	12 à fin.............	Halles-Cent.	

ARRON- DIS- SEMENT.	NOMS DES RUES, PLACES, BOULEVARDS, ETC.	BUREAU DISTRIBUTEUR.	
6	GINDRE (Rue du).............	Sénat.	
15	GINOUX (Rue).................	Grenelle.	
18	GIRARDON (Rue)...............	Montmartre.	
16	GIRODET (Rue)...............	Auteuil.	
19	GIRONDE (Quai de la)...........	Villette.	
6	GÎT-LE-COEUR (Rue)...........	Pl. St-Michel.	
2	GLACES (Entrepôt des).........	P. St-Denis.	
13	GLACIÈRE (Avenue de la).........	Gobelins.	
2	GLACIÈRE (Impasse de la)......... (Boulevard des Italiens, n° 17.)	Bourse.	
13	GLACIÈRE (Rue de la)...........	Halle Cuirs	
16	GLACIÈRE (Sentier de la)........	Auteuil.	
13-14	GLACIÈRE-GENTILLY (Grande-Rue de la)	Gobelins.	
13	GLACIÈRE de Gentilly...........	Gobelins.	
16	GLACIÈRE de la ville de Paris......	Passy.	
4	GLATIGNY (Rue de).............	Pl. St-Michel.	
9	GLÜCK (Rue).................	Gr.-Hôtel.	
13	GOBELINS (R.; r^lle, cité, manufac. des).	Halle Cuirs.	
11	GOBERT (Rue)...............	Prince-Eug.	
13	GODEFROY (Rue)...............	Gobelins.	
11	GODELET (Impasse)............	Prince-Eug.	
8	GODOT-DE-MAUROY (Cité, passage)...	Ch.-Élysées.	
9	GODOT-DE-MAUROY (Rue)........	Madeleine.	

ARRONDISSEMENT.	NOMS DES RUES, PLACES, BOULEVARDS, ETC.	BUREAU DISTRIBUTEUR.	
1	GOMBOUST (Rue, impasse)	Pl. Vendôme.	
12	GONDI (Rue)	Bercy.	
11	GONNET (Impasse) . . . . (Rue de Montreuil, n° 60.)	Pl. du Trône.	
14	GOURDON (Passage)	Montrouge.	
19	GOUTTE (Rue de la)	Belleville.	
20	GOUTTE-D'OR (R., r^lle, imp., pass. de la)	Pl. du Trône.	
18	GOUTTE-D'OR-LA-CHAPELLE (Pass., r. de la).	La Chapelle.	
17	GOUVION-SAINT-CYR (Boulevard)	Ternes.	
19	GOUY (Impasse)	Villette.	
6	GOZLIN (Rue, place)	Saints-Pères.	
10	GRÂCE-DE-DIEU (Cour de la) . . . . . . (Rue du Faubourg-du-Temple, n° 129.)	Chât.-d'Eau.	
5	GRACIEUSE (Impasse, rue, passage) . .	B.St-Germain.	
10	GRADOS (Passage)	R. de Strasb.	
10	GRAFFARD (Passage)	R. de Strasb.	
2	GRAMMONT (Rue de)	Bourse.	
2	GRAND-CERF (Passage du)	H. Postes.	
3	GRAND-CHANTIER (Rue du)	Vieilles-Haud.	
9	GRAND-HÔTEL	Gr.-Hôtel.	
9	GRAND ORIENT de France . . . . (Rue Cadet, n° 16.)	R. Lafayette.	
11	GRAND-PRIEURÉ (Rue du)	Chât.-d'Eau.	
17-16	GRANDE-ARMÉE (Avenue de la)	Ternes.	
6	GRANDE-CHAUMIÈRE (Rue de la)	R. Rennes.	

ARRON-DIS-SEMENT.	NOMS DES RUES, PLACES, BOULEVARDS, ETC.	BUREAU DISTRIBUTEUR.	
12	GRANDE-COUR (Passage de la)	G. de Lyon.	
12	GRANDE-RUE-BERCY	Bercy.	
20	GRANDE-RUE-MONTREUIL	Pl. du Trône.	
1	GRANDE-TRUANDERIE (Rue de la)	Halles-Centr.	
6	GRANDS-AUGUSTINS (Quai des)	Pl. St-Michel.	
6	GRANDS-AUGUSTINS (Rue des)	Pl. St-Michel.	
5	GRANDS-DEGRÉS (Rue des)	Pl. St-Michel.	
18	GRANDES-CARRIÈRES (Rue des)	Montmartre.	
10	GRANGE-AUX-BELLES (Rue)	Chât.-d'Eau.	
9	GRANGE-BATELIÈRE (Rue de la)	Bourse.	
3	GRAVILLIERS (Passage des)	Vieilles-Haud.	
3	GRAVILLIERS (Rue des)	Vieilles-Haud.	
8	GREFFULHE (Rue de)	Madeleine.	
6	GRÉGOIRE-DE-TOURS (Rue)	Saints-Pères.	
15	GRENELLE (Abattoir de)	École milit.	
15	GRENELLE (Boulevard de)	Grenelle.	
15	GRENELLE (Caserne de)	École milit.	
7	GRENELLE (Caserne de) ou DE SENS (Place Dupleix.)	Central.	
15	GRENELLE (Gare de)	Grenelle.	
7	GRENELLE (Impasse de) (Rue de Grenelle-Saint-Germain, n° 156.)	Central.	
15	GRENELLE (Quai, pont de)	Grenelle.	
7	GRENELLE-GROS-CAILLOU (Pass. de)	École milit.	

ARRONDISSEMENT.	NOMS DES RUES, PLACES, BOULEVARDS, ETC.	BUREAU DISTRIBUTEUR.	
6-7	GRENELLE-SAINT-GERMAIN (Rue de) :		
	1, 2 à 65, 78............	Saints-Pères.	
	67, 80 à 175, 198........	Central.	
	177, 200 à fin...........	École milit.	
3-2	GRENÉTAT (Rue)...............	H. des Postes.	
12	GRENIER (Cour)...............	R. de Lyon.	
4	GRENIER-SUR-L'EAU (Rue)........	H. Ville.	
3	GRENIER-SAINT-LAZARE (Rue)......	Vieilles-Haud.	
4	GRENIERS de réserve ou d'abondance.	R. de Lyon.	
20	GRÈS (Place des)..............	Prince-Eug.	
19	GRÈS-VILLETTE (Passage des)......	Villette.	
2	GRÉTRY (Rue)................	Bourse.	
16	GREUZE (Rue)................	Passy.	
4	GRÈVE (Port, quai de la).........	H. Ville.	
7	GRIBEAUVAL (Rue).............	Saints-Pères.	
5	GRIL (Rue du)...............	Halle Cuirs.	
11	GRISET (Impasse)	Chât.-d'Eau.	
16	GROS (Rue).................	Auteuil.	
7	GROS-CAILLOU (Hôpital militaire du).	École milit.	
7	GROS-CAILLOU (Marché du).......	Central.	
18	GROSSE-BOUTEILLE (Impasse de la)..	Montmartre.	
2	GROSSE-TÊTE (Impasse de la)	P. St-Denis.	

ARRON-DIS-SEMENT.	NOMS DES RUES, PLACES, BOULEVARDS, ETC.	BUREAU DISTRIBUTEUR.	
15	GROTTE (Chemin de la)............	Vaugirard.	
16	GUDIN (Rue)...................	Auteuil.	
18	GUÉ (Rue du).................	La Chapelle.	
4	GUÉMÉNÉE (Impasse)............	R. de Lyon.	
6	GUÉNÉGAUD (Rue)...............	Saints-Pères.	
11	GUÉNOT (Cité).................	Prince-Eug.	
4	GUÉPINE (Impasse).............	H. Ville.	
3	GUÉRIN-BOISSEAU (Rue).........	P. St-Denis.	
16	GUERLAIN (Rue)...............	Passy.	
7	GUERRE (Dépôt de la)...........	Central.	
7	GUERRE (Ministère de la)........	Central.	
12	GUIBERT (Rue)................	Bercy.	
16	GUICHARD (Rue)..............	Passy.	
20	GUIGNIER (Rue)...............	Belleville.	
12	GUILLAUMOT (Cité)............	G. de Lyon.	
12	GUILLAUMOT-LAINET (Passage).....	G. de Lyon.	
14	GUILLEMINOT (Rue, place)........	Montrouge.	
4	GUILLEMITES (Rue des)..........	H. Ville.	
16	GUILLON (Rue)...............	Passy.	
6	GUISARDE (Rue)..............	Saints-Pères.	
17	GUTTIN (Rue, passage)..........	Av. Clichy.	
5	GUY-LABROSSE (Rue)...........	B.St-Germain.	

ARRON-DIS-SEMENT.	NOMS DES RUES, PLACES, BOULEVARDS, ETC.	BUREAU DISTRIBUTEUR.	
10	GUY-PATIN (Rue)..............	G. du Nord.	
17	GUYOT (Rue)...............	B. Courcelles.	
10	GYMNASE (Théâtre du)..........	P. St-Denis.	

H

17	HAAG (Rue).................	R. St-Pétersb.	
12	HADOT (Cour)...............	Bercy.	
20	HAIES (Rue des).............	Prince-Eug.	
16	HALAGE (Chemin de)..........	Auteuil.	
9	HALÉVY (Rue)...............	Gr.-Hôtel.	
14	HALLÉ (Rue)................	Montrouge.	
5	HALLE aux Cuirs.............	Halle Cuirs.	
5	HALLE aux Vins.............	B.St-Germain.	
1	HALLES Centrales (Les et rue des)..	Halles-Centr.	
8	HAMBOURG (Rue de)...........	R. St-Pétersb.	
15	HAMEAU-DU-BRAVE-HOMME (Rue du).	Vaugirard.	
16	HAMELIN (Rue)..............	Ch.-Élysées.	
2	HANOVRE (Rue de)...........	Gr.-Hôtel.	
3	HARLAY-AU-MARAIS (Rue de)......	R. de Lyon.	
1	HARLAY-DU-PALAIS (Rue de).......	Pl. St-Michel.	
5	HARPE (Rue de la)...........	Pl. St-Michel.	
13	HARVEY (Rue d')............	Gobelins.	

ARRON- DIS- SEMENT.	NOMS DES RUES, PLACES, BOULEVARDS, ETC.	BUREAU DISTRIBUTEUR.	
1	HASARD (Rue du)	Av. Napoléon.	
19	HASSARD (Rue) . . . . (Située rue du Plateau.)	Belleville.	
20	HAUDRIETTES (Sentier des)	Prince-Eug.	
8	HAUSSMANN (Boulevard) :		
	1, 2 à 25, 42	R. Lafayette.	
	27, 44 à 113, 132	Pl. Havre.	
	115, 134 à fin	Ch.-Élysées.	
4	HAUTE-DES-URSINS (Rue)	Pl. St-Michel.	
6	HAUTEFEUILLE (Rue)	Pl. St-Michel.	
10	HAUTEVILLE (Rue d')	Ste-Cécile.	
4	HAUT-MOULIN (Rue du)	Pl. St-Michel.	
5	HAUT-PAVÉ (Rue du)	Pl. St-Michel.	
19	HAUTPOUL (Rue d') :		
	1, 2 à 21, 40	Villette.	
	23, 42 à fin	Belleville.	
13	HAUTES-FORMES (Impasse des)	Gobelins.	
20	HAUTES-GATINES (Rue des)	Belleville.	
20	HAUTS-MONTIBOEUFS (Rue des)	Belleville.	
20	HAUTES-VIGNOLES (Rue, sentier des) .	Prince-Eug.	
8-9	HAVRE (R., pl., pass., chem. de fer du).	Pl. Havre.	
17	HAVRE (Rue du) (Batignolles)	R. St-Pétersb.	
19-20	HAXO (Rue)	Belleville.	

ARRONDISSEMENT.	NOMS DES RUES, PLACES, BOULEVARDS, ETC.	BUREAU DISTRIBUTEUR.	
18	HÉBERT (Place) . . . . (Rue des Rosiers, n° 18.)	La Chapelle.	
12	HÉBRARDS (R. des) *ou* DES JARDINIERS.	Bercy.	
9	HELDER (Rue du)	Gr.-Hôtel.	
17	HÉLÈNE (Rue)	R. St-Pétersb.	
13	HÉLÈNE (Rue)	Gobelins.	
19	HÉNAIN (Cité, passage)	Villette.	
12	HENNEL (Impasse) . . . . (Rue de Charenton, n° 142.)	G. de Lyon.	
19	HENRI (Cité)	Belleville.	
1	HENRI IV (Passage) . . . . (Palais-Royal.)	Av. Napoléon.	
4	HENRI IV (Quai)	R. de Lyon.	
20	HENRI-CHEVREAU (Rue)	Belleville.	
14	HENRION-DE-PENSAY (Rue)	Montrouge.	
18	HENRIOT (Impasse) . . . . (Rue du Poteau, n° 26.)	Montmartre.	
15	HÉRICART (Rue)	Grenelle.	
18	HÉRISSON (Rue, passage)	Montmartre.	
18	HERMEL (Rue)	Montmartre.	
16	HÉROLD (Rue)	Auteuil.	
10	HÉRON (Cité) . . . . (Rue de l'Hôpital-Saint-Louis.)	R. de Strasb.	
20	HÉRON (Impasse) . . . . (Passage Ronce, n° 16.)	Belleville.	
15	HERRI (Rue)	Grenelle.	
16	HIPPODROME	Ternes.	
9	HIPPOLYTE-LEBAS (Rue)	R. Lafayette.	

ARRON-DIS-SEMENT.	NOMS DES RUES, PLACES, BOULEVARDS, ETC.	BUREAU DISTRIBUTEUR.	
6	HIRONDELLE (Rue de l')........	Pl. St-Michel.	
18	HIRONDELLES (Place des)........	Montmartre.	
5	HISTOIRE NATURELLE (Muséum d').. (Jardin des Plantes.)	B. St-Germain.	
15	HOCHE (Rue)...............	École milit.	
11	HOLZBACHER (Cité)............	Chât.-d'eau.	
11	HOMME (Passage de l')........... (Rue de Charonne, n° 26.)	R. de Lyon.	
4	HOMME-ARMÉ (Rue de l')........	H. Ville.	
6	HONORÉ-CHEVALIER (Rue)........	Sénat.	
13	HÔPITAL (Place de l')...........	G. d'Orléans.	
5-13	HÔPITAL (Boulevard de l') :		
–	1, 2 à 111, 102..........	G. d'Orléans.	
	113, 104 à fin..........	Gobelins.	
10	HÔPITAL-SAINT-LOUIS (Rue de l')...	R. de Strasb.	
	HÔPITAUX ET HOSPICES.		
8	HÔPITAL Beaujon.............	Ch.-Élysées.	
12	——— Beauvau ou des Vieillards.. (Rue de Beccaria.)	G. de Lyon.	
14	——— de la Bourbe...........	Montrouge.	
14	——— des Capucins ou du Midi...	Montrouge.	
6	——— de la Charité...........	Saints-Pères.	
6	——— de la Clinique..........	Sénat.	
14	——— Cochin..............	Montrouge.	
6	——— Devillas.............	Sénat.	

ARRON-DIS-SEMENT.	NOMS DES RUES, PLACES, BOULEVARDS, ETC.	BUREAU DISTRIBUTEUR.
	HÔPITAUX ET HOSPICES. (Suite).	
10	HOSPICE Dubois (Maison de santé) . .	R. de Strab.
15	———— des Enfants-Malades	R. Rennes.
14	———— des Enfants-Trouvés *ou* Orphel.	Montrouge.
12	———— d'Enghien	Pl. du Trône.
7	———— du Gros-Caillou . . . . (Hôpital militaire.)	École milit.
4	———— de l'Hôtel-Dieu	Pl. St-Michel.
7	———— des Incurables (femmes) . . .	R. Rennes.
10	———— des Incurables (hommes) . .	R. de Strasb.
10	———— Lariboisière	G. du Nord.
14	———— La Rochefoucauld	Montrouge.
7	———— Leprince	Central.
13	———— Lourcine	Halle Cuirs.
14	———— de la Maternité	Montrouge.
14	———— du Midi *ou* des Vénériens . .	Montrouge.
15	———— Necker	R. Rennes.
5	———— Notre-Dame-de-la-Pitié . . .	B. St-Germain.
12	———— des Quinze-Vingts	R. de Lyon.
13	———— de la Salpêtrière	G. d'Orléans.
4	———— de la Santé *ou* Ferme-Ste-Anne.	Montrouge.
12	———— Saint-Antoine	Pl. du Trône.
12	———— Sainte-Eugénie	G. de Lyon.

ARRON-DIS-SEMENT.	NOMS DES RUES, PLACES, BOULEVARDS, ETC.	BUREAU DISTRIBUTEUR.
	HÔPITAUX ET HOSPICES. (Suite.)	
10	HÔPITAL Saint-Louis...............	Chât.-d'Eau.
10	———— Saint-Martin..............	R. de Strasb.
	(Hôpital militaire.)	
4	———— Saint-Merry.............	H. Ville.
	(Rue du Cloître-Saint-Merry, n° 20.)	
16	———— Sainte-Perrine...........	Auteuil.
5	———— Scipion (Boulangerie des hosp.).	Halle Cuirs.
5	———— du Val-de-Grâce..........	Sénat.
	(Hospice militaire.)	
13	———— de la Vieillesse...........	G. d'Orléans.
	(Salpêtrière. — Femmes.)	
7	HÔPITAUX militaires (Mag. centr. des).	Central.
8	HORLOGE (Cour de l').............	Pl. Havre.
	(Rue du Rocher, n° 40.)	
9	HORLOGE (Galerie de l')..........	Bourse.
	(Passage de l'Opéra.)	
1	HORLOGE (Quai de l').............	Pl. St-Michel.
4	HOSPITALIÈRES-St-GERVAIS (Rue des).	H. Ville.
5	HÔTEL-COLBERT (Rue, place de l')..	Pl. St-Michel.
1	HÔTEL-DES-FERMES (Passage de l')..	H. Postes.
4	HÔTEL-DE-VILLE (R., pl., quai, pal. de l').	H. Ville.
17	HÔTEL-DE-VILLE (Avenue de l').....	R. St-Pétersb.
19	HÔTEL-DE-VILLE ou DE L'ÉGLISE (Pl. de l').	Villette.
20	HOUDART (Rue).................	Belleville.
18	HOUDON (Rue).................	Montmartre.
5	HUCHETTE (Rue de la)...........	Pl. St-Michel.
12	HUGOT (Cour).................	Bercy.

ARRON- DIS- SEMENT.	NOMS DES RUES, PLACES, BOULEVARDS, ETC.	BUREAU DISTRIBUTEUR.	
1	HUÎTRES (Halle aux)............ (Halles Centrales.)	Halles-Centr.	
1	HULOT (Passage)............. (Rue Montpensier, n° 31.)	Av. Napoléon.	
14	HUMBOLDT (Rue).............	Montrouge.	
17	HYÈRES (Passage d').......... (Avenue de Clichy, n° 188.)	Av. Clichy.	

I

16	IÉNA (Avenue d')..............	Central.	
7	IÉNA (Pont d')..............	Ecole milit.	
7	IÉNA (Rue d')................	Ch.-Élysées.	
7	ÎLE-DES-CYGNES (Rue de l').......	Grenelle.	
4	ÎLE-LOUVIERS (Rue de l')........	R. de Lyon.	
4	ÎLE-SAINT-LOUIS (Rue de l').......	B.St-Germain.	
15	IMBAULT (Rue)...............	Grenelle.	
16	IMPÉRATRICE (Avenue de l')......	Ternes.	
18	IMPÉRATRICE (Rue de l').........	Montmartre.	
3	IMPRIMERIE IMPÉRIALE...........	Vieilles-Haud.	
7	INCURABLES (femmes) (Hospice des).	R. Rennes.	
10	INCURABLES (hommes) (Hospice des).	R. de Strasb.	
2	INDUSTRIE (Bazar de l').........	Bourse.	
11	INDUSTRIE (Cité de l') ou cité INDUSTRIELLE.	Prince-Eug.	
8	INDUSTRIE (Palais de l')	R. Boissy.	
20	INDUSTRIE (Passage de l')........	Prince-Eug.	

ARRON-DIS-SEMENT.	NOMS DES RUES, PLACES, BOULEVARDS, ETC.	BUREAU DISTRIBUTEUR.	
10	INDUSTRIE (Passage de l').........	P. S¹-Denis.	
15	INDUSTRIE (Passage de l').........	Grenelle.	
18	INDUSTRIE (Passage de l').........	Montmartre.	
13	INDUSTRIE (Rue de l')...........	Gobelins.	
16	INGRES (Avenue)...............	Passy.	
1	INNOCENTS (Rue, square des)......	Halles-Centr.	
5	INSPECTION Gᵃˡᵉ DE LA NAVIGATION... (Quai de la Tournelle.)	B.S¹-Germain.	
6	INSTITUT (Place, palais de l')......	Saints-Pères.	
7	INSTITUTION DES FR. DES ÉC. CHRÉT..	Central.	
7	INSTRUCTION PUBL. (Ministère de l').	Central.	
7	INTENDANCE MILITAIRE (1ʳᵉ division).	Central.	
8	INTÉRIEUR (Ministère de l')........	Madeleine.	
7	INVALIDES (Boul., espl., pont, hôt. des).	Central.	
8	INVALIDES DE LA MARINE (Caisse des).	R. Boissy.	
5	IRLANDAIS (Rue, collège des)......	Sénat.	
16	ISABEY (Rue).................	Auteuil.	
18	ISLY (Impasse d')...............	La Chapelle.	
19	ISLY (Impasse, passage d')........	Villette.	
15	ISLY (Passage d')...............	Vaugirard.	
11	ISLY (Passage d')...............	Chât.-d'Eau.	
20	ISLY (Passage d')...............	Belleville.	
8	ISLY (Rue d').................	Pl. Havre.	

ARRON-DIS-SEMENT.	NOMS DES RUES, PLACES, BOULEVARDS, ETC.	BUREAU DISTRIBUTEUR.	
4	ISRAÉLITES (École des)............	H. Ville.	
12	ISRAÉLITES (Maison de retraite des)..	Pl. du Trône.	
3	ISRAÉLITES (Synagogue des)........ (Rue Notre-Dame-de-Nazareth.)	Chât.-d'Eau.	
9	ISRAÉLITES PORTUGAIS (Synagogue des)	R. Lafayette.	
14	ISSOIRE (Impasse)...............	Montrouge.	
15	ISSY (Boulevard, porte d').........	Vaugirard.	
8	ITALIE (Ambassade d')..........	Ch.-Élysées.	
13	ITALIE (Boul., place, porte, avenue d')	Gobelins.	
2-9	ITALIENS (Boul., cité, théâtre des)..	Bourse.	
13	IVRY (Boulevard, porte, route d')...	Gobelins.	
13	IVRY (Rue de la Pointe-d')........	Gobelins.	

J

4	JÁBACK (Passage)...............	H. Ville.	
5	JACINTHE (Rue)................	Pl. St-Michel.	
17	JACOB (Passage)...............	Av. Clichy.	
19	JACOB (Passage)...............	Villette.	
6	JACOB (Rue).................	Saints-Pères.	
11	JACQUART (Rue)..............	Prince-Eug.	
4	JACQUES-COEUR (Rue)..........	R. de Lyon.	
4	JACQUES-DE-BROSSE (Rue)........	H. Ville.	
17	JADIN (Rue).................	B. Courcelles.	

ARRON-DIS-SEMENT.	NOMS DES RUES, PLACES, BOULEVARDS, ETC.	BUREAU DISTRIBUTEUR.	
19	JANDELLE (Cité)	Belleville.	
20	JAPON (Rue du)	Belleville.	
11	JAPY (Rue)	Prince-Eug.	
6	JARDIN botanique de l'École de Méd.	Sénat.	
6	JARDINET (Rue du).	Pl. St-Michel.	
15	JARDINETS (Impasse des).	Vaugirard.	
11	JARDINIERS (Impasse, ruelle des). . .	R. de Lyon.	
12	JARDINIERS (Rue, ruelle des)	Bercy.	
12	JARDINIERS-BERCY (R.des) ou DES HÉBRARDS.	Bercy.	
15	JARDINS ou JARDINIERS (Imp., pass. des).	Vaugirard.	
14	JARDINS (Rue, passage des)	Montrouge.	
4	JARDINS-SAINT-PAUL (Rue des)	H. Ville.	
	JARDINS PUBLICS.		
4	JARDIN de l'Archevêché.	Pl. St-Michel.	
8	———— du Château-des-Fleurs.	Ch.-Élysées.	
3	———— du Conservat^{re} des Arts et Métiers.	P. St-Denis.	
5	———— de l'Hôtel Cluny	Pl. St-Michel.	
2	———— de Louvois	Bourse.	
6	———— du Luxembourg.	Sénat.	
1	———— du Palais-Royal.	Av. Napoléon.	
4	———— de la place Royale.	R. de Lyon.	
5	———— des Plantes.	B.St-Germain.	

ARRON-DIS-SEMENT.	NOMS DES RUES, PLACES, BOULEVARDS, ETC.	BUREAU DISTRIBUTEUR.	
	JARDINS PUBLICS. (Suite.)		
3	JARDIN du Temple............	Chât.-d'Eau.	
4	——— de la Tour-Saint-Jacques....	Halles - Centr.	
1	——— des Tuileries............	Av. Napoléon.	
4	JARELTE (Rue de)............	H. Ville.	
12	JAUNET (Cour)..............	Bercy.	
15	JAVEL (Chemin, quai de)........	Grenelle.	
15	JAVEL (Rue de) :		
	1, 2 à 201, 200............	Grenelle.	
	203, 202 à fin...........	Vaugirard.	
19	JEAN-BAPTISTE-CAVÉ (Impasse)..... (Quai de la Loire, n° 6.)	Villette.	
9	JEAN-BAPTISTE-SAY (Rue)........	R. Lafayette.	
6	JEAN-BART (Rue)............	Sénat.	
4	JEAN-BEAUSIRE (Rue, imp., passage).	R. de Lyon.	
16	JEAN-BOLOGNE (Rue)...........	Passy.	
12	JEAN-BOUTON (Impasse).........	G. de Lyon.	
18	JEAN-COTTIN (Rue)...........	La Chapelle.	
8	JEAN-GOUJON (Rue)...........	Ch.-Élysées.	
1	JEAN-JACQUES-ROUSSEAU (Rue).....	H. Postes.	
1	JEAN-LANTIER (Rue)...........	Halles - Centr.	
18	JEAN-ROBERT (Rue)...........	La Chapelle.	
1	JEAN-TISON (Rue)............	Av. Napoléon.	

ARRON-DIS-SEMENT.	NOMS DES RUES, PLACES, BOULEVARDS, ETC.	BUREAU DISTRIBUTEUR.	
15	JEANNE (Rue)................	Vaugirard.	
13	JEANNE-D'ARC (Rue, place).......	G. d'Orléans.	
18	JEANNET (Cité)...............	Montmartre.	
11	JEMMAPES (Quai de) : (Fait suite au boulevard Richard-Lenoir.)		
	148 à 234.............	Chât.-d'Eau.	
	236 à fin.............	R. de Strasb.	
13	JENNER (Rue)................	G. d'Orléans.	
18	JESSAINT (Rue, place)...........	La Chapelle.	
11	JEU-DE-BOULE (Passage du).......	Chât.-d'Eau.	
7	JEUNES-AVEUGLES (Instit°° impér. des).	Central.	
11	JEUNES-DÉTENUS (Ancienne prison des)	Prince-Eug.	
2	JEUNEURS (Rue des)............	Bourse.	
10	JOINVILLE (Passage)............	Chât.-d'Eau.	
1	JOINVILLE (Péristyle)........... (Palais-Royal.)	Av. Napoléon.	
19	JOINVILLE (Rue, passage, impasse)..	Villette.	
14	JOLIVET (Rue)................	R. Rennes.	
11	JOLY (Cité).................	Prince-Eug.	
19	JOMARD (Rue)................	Villette.	
13	JONAS (Rue).................	Gobelins.	
2	JOQUELET (Rue)...............	Bourse.	
18	JOSEPH-DIJON (Rue)............	Montmartre.	
8-16	JOSÉPHINE (Avenue)............	Ch.-Élysées.	

ARRON-DIS-SEMENT.	NOMS DES RUES, PLACES, BOULEVARDS, ETC.	BUREAU DISTRIBUTEUR.
11	Josset (Cité, passage)	R. de Lyon.
9	Joubert (Rue)	Pl. Havre.
9	Jouffroy (Passage)	Bourse.
17	Jouffroy (Rue)	B. Courcelles.
1	Jour (Rue du)	H. Postes.
14	Jourdan (Boulevard)	Montrouge.
16	Jouvenet (Rue)	Auteuil.
12	Jouvet (Passage)	G. de Lyon.
4	Jouy (Rue de)	H. Ville.
20	Jouye-Rouve (Rue)	Belleville.
15	Juge (Rue)	Grenelle.
4	Juges-Consuls (Rue des)	H. Ville.
4	Juifs (Rue des)	H. Ville.
16	Juigné (Rue de)	Ch.-Élysées.
20	Juillet (Rue de)	Belleville.
12	Jules-César (Rue)	R. de Lyon.
20	Julien-Lacroix (Rue)	Belleville.
13	Julienne (Rue)	Halle Cuirs.
1-2	Jussienne (Rue, passage de la)	H. Postes.
5	Jussieu (Rue, place de)	B. St-Germain.
1	Justice (Ministère de la)	Pl. Vendôme.

ARRON-DIS-SEMENT.	NOMS DES RUES, PLACES, BOULEVARDS, ETC.	BUREAU DISTRIBUTEUR.	
	JUSTICES DE PAIX.		
1	1ᵉʳ arrondissement............ (Place Saint-Germain-l'Auxerrois, à la mairie.)	Av. Napoléon.	
2	2ᵉ arrondissement............ (Rue de la Banque, à la mairie.)	Bourse.	
3	3ᵉ arrondissement............ (Rue Béranger, à la mairie.)	Chât.-d'Eau.	
4	4ᵉ arrondissement............ (Rue Ste-Croix-de-la-Bretonnerie, à la mairie.)	H. Ville.	
5	5ᵉ arrondissement............ (Place du Panthéon, à la mairie.)	Sénat.	
6	6ᵉ arrondissement............ (Place Saint-Sulpice, à la mairie.)	Sénat.	
7	7ᵉ arrondissement............ (Rue de Grenelle-Saint-Germain, à la mairie.)	Central.	
8	8ᵉ arrondissement............ (Rue d'Anjou-Saint-Honoré, à la mairie.)	Madeleine.	
9	9ᵉ arrondissement............ (Rue Drouot, à la mairie.)	Bourse.	
10	10ᵉ arrondissement............ (Rue du Faubourg-Saint-Martin, à la mairie.)	P. St-Denis.	
11	11ᵉ arrondissement............ (Rue Keller, à l'ancienne mairie.)	R. de Lyon.	
12	12ᵉ arrondissement............ (Pavillon de l'ancienne barrière de Bercy.)	Bercy.	
13	13ᵉ arrondissement............ (Place d'Italie, à la mairie.)	Gobelins.	
14	14ᵉ arrondissement............ (Place de Montrouge.)	Montrouge.	
15	15ᵉ arrondissement............ (Grande-Rue de Vaugirard, à la mairie.)	Vaugirard.	
16	16ᵉ arrondissement............ (Place de Passy, à la mairie.)	Passy.	
17	17ᵉ arrondissement............ (Rue des Batignolles, à la mairie.)	R. St-Pétersb.	
18	18ᵉ arrondissement............ (A l'ancienne mairie de la Chapelle.)	La Chapelle.	
19	19ᵉ arrondissement............ (Place de l'Hôtel-de-Ville-la-Villette, à la mairie.)	Villette.	
20	20ᵉ arrondissement............ (Rue de Belleville, à la mairie.)	Belleville.	

ARRON-DIS-SEMENT.	NOMS DES RUES, PLACES, BOULEVARDS, ETC.	BUREAU DISTRIBUTEUR.
	K	
19	KABYLIE (Rue de la)	Villette.
11	KELLER (Rue)	R. de Lyon.
13	KELLERMANN (Boulevard)	Gobelins.
16	KEPLER (Rue)	Ch.-Élysées.
15	KLEBER (Rue)	École milit.
18	KRACHER (Passage)	Montmartre.
19	KUSZNER (Passage)	Belleville.
	L	
18	LABAT (Rue)	Montmartre.
17	LABIE (Rue)	Ternes.
8	LABORDE (Nouveau marché)	B. Courcelles.
8	LABORDE (Rue, place)	Pl. Havre.
15	LABRADOR (Impasse du)	Vaugirard.
9	LABRUYÈRE (Rue)	R. Lafayette.
2	LACAGE (Cour) (Rue Saint-Denis, n° 362.)	P. St-Denis.
5	LACÉPÈDE (Rue)	B.St-Germain.
17	LA CONDAMINE (Rue)	R. St-Pétersb.
15	LACRETELLE (Rue)	Vaugirard.
18	LACROIX (Cité, passage) ou DE LA CROIX.	Av. Clichy.
17	LACROIX (Rue)	Av. Clichy.

ARRON-DIS-SEMENT.	NOMS DES RUES, PLACES, BOULEVARTS, ETC.	BUREAU DISTRIBUTEUR.	
12	LACUÉE (Rue, avenue)............	R. de Lyon.	
10	LAFAYETTE (Place)...............	G. du Nord.	
9-10	LAFAYETTE (Rue) :		
	1, 2 à 63, 64............	R. Lafayette.	
	65, 66 à 91, 92...........	Ste-Cécile.	
	93, 94 à 155, 156........	G. du Nord.	
	157, 158 à fin...........	R. de Strasb.	
9	LAFERRIÈRE (Passage)...........	R. Lafayette.	
1-2	LAFEUILLADE (Rue)..............	H. Postes.	
9	LAFFITTE (Rue) :		
	1, 2 à 27, 40............	Bourse.	
	29, 42 à fin.............	R. Lafayette.	
12	LAFON (Cour).................	Bercy.	
17	LAFONTAINE (Cité de)...........	R. St-Pétersb.	
16	LAFONTAINE (Rond-point, rue de)...	Auteuil.	
18	LAGHOUAT (Rue de)..............	La Chapelle.	
18	LAGILLE (Rue).................	Av. Clichy.	
11-20	LAGNY (Chemin, rue de).........	Pl. du Trône.	
13	LAHIRE (Rue).................	Gobelins.	
14	LALANDE (Rue)................	Montrouge.	
9	LALLIER (Rue).................	R. Lafayette.	
17	LAMANDÉ (Rue)................	R. St-Pétersb.	

8.

ARRON-DIS-SEMENT.	NOMS DES RUES, PLACES, BOULEVARDS, ETC.	BUREAU DISTRIBUTEUR.	
9	LAMARTINE (Rue de)...............	R. Lafayette.	
18	LAMBERT (Rue).................	Montmartre.	
12	LAMBLARDIE (Rue)...............	Pl. du Trône.	
17	LAMOUREUX (Impasse)............	Ternes.	
12	LANCETTE (Rue de la)............	Bercy.	
16	LANCRET (Rue).................	Auteuil.	
10	LANCRY (Rue de)................	Chât.-d'Eau.	
7	LANDRIEUX (Passage)............	Central.	
1	LANGLADE (Rue de)..............	Av. Napoléon.	
18	LANGLOIS (Impasse).............	La Chapelle.	
11	LANGRONNE (Passage)...........	Prince-Eug.	
5	LANGUEDOC (Rue de)............ (Halle aux Vins.)	B.St-Germain.	
16	LANNES (Boulevard) :		
	1 à 5..............	Ternes.	
	7 à fin	Passy.	
2	LANOIS (Cour)................. (Rue du Petit-Carreau, n° 26.)	H. Postes.	
16	LA PEYROUSE (Rue).............	Ch.-Élysées.	
5	LAPLACE (Rue)................	B.St-Germain.	
11	LAPPE (Rue)..................	R. de Lyon.	
1	LARD (Rue, impasse au).........	Halles-Centr.	
16	LARGILLIÈRE (Rue).............	Passy.	
10	LARIBOISIÈRE (Hôpital)..........	G. du Nord.	

ARRON-DIS-SEMENT.	NOMS DES RUES, PLACES, BOULEVARDS, ETC.	BUREAU DISTRIBUTEUR.	
12	LAROCHE (Rue)................	Bercy.	
9	LA ROCHEFOUCAULD (Rue).........	R. Lafayette.	
14	LA ROCHEFOUCAULD (Rue, hospice)..	Montrouge.	
5	LAROMIGUIÈRE (Rue).............	Sénat.	
6	LARREY (Rue, impasse)..........	Pl. St-Michel.	
8	LARRIBE (Rue)................	Pl. du Havre.	
7	LAS-CASES (Rue)...............	Central.	
19	LASSUS (Rue).................	Belleville.	
18	LATHUILE (Passage)............	R. St-Pétersb.	
7	LA TOUR-MAUBOURG (Boulevard)...	Central.	
5	LATRAN (Rue de)...............	Pl. St-Michel.	
17	LAUGIER (Rue)................	Ternes.	
19	LAUMIÈRE (Avenue).............	Villette.	
16	LAURISTON (Rue) :		
	1, 2 à 41, 32.............	Passy.	
	43, 34 à fin.............	Ternes.	
19	LAUZIN (Rue de)...............	Belleville.	
9	LAVAL (Rue de)...............	R. Lafayette.	
5	LAVANDIÈRES-PLACE-MAUBERT (R. des)	Pl. St-Michel.	
1	LAVANDIÈRES-Ste-OPPORTUNE (R. des).	Halles-Centr.	
18	LA VIEUVILLE (Rue)............	Montmartre.	
8	LAVOISIER (Rue)...............	Madeleine.	

ARRON- DIS- SEMENT.	NOMS DES RUES, PLACES, BOULEVARDS, ETC.	BUREAU DISTRIBUTEUR.	
6	LAZARISTES (Couvent des).........	R. Rennes.	
15	LEBLANC (Rue)................	Grenelle.	
17	LEBON (Rue).................	Ternes.	
14	LEBOUIS (Rue)...............	Montrouge.	
17	LEBOUTEUX (Rue).............	R. St-Pétersb.	
13	LEBRUN (Rue)................	Halle Cuirs.	
17	LECHAPELAIS (Rue)............	R. St-Pétersb.	
14	LECLERC (Rue)...............	Montrouge.	
17	LÉCLUSE (Rue)...............	R. St-Pétersb.	
17	LECONTE (Rue)..............	Av. Clichy.	
15	LECOURBE (Rue)..............	Vaugirard.	
18	LÉCUYER (Passage)............	Av. Clichy.	
18	LÉCUYER (Rue)...............	Montmartre.	
15	LEFEBVRE (Boulevard)..........	Vaugirard.	
17	LEGENDRE (Rue)..............	Av. Clichy.	
7	LÉGION D'HONNEUR (Palais de la)....	Central.	
19	LEGRAND (Rue)...............	Belleville.	
12	LEGRAVEREND (Rue)............	G. de Lyon.	
16	LEKAIN (Rue)...............	Passy.	
14	LEMAIGNAN (Rue, impasse).......	Montrouge.	
15	LEMAIRE (Rue)...............	Grenelle.	
18	LEMARAISQUIER (Impasse)........	Montmartre.	

ARRON-DISSEMENT.	NOMS DES RUES, PLACES, BOULEVARDS, ETC.	BUREAU DISTRIBUTEUR.	
16	LEMAROIS (Rue)................	Auteuil.	
17	LEMERCIER (Rue) :		
	1, 2 à 73, 72.............	R. St-Pétersb.	
	75, 74 à fin.............	Av. Clichy.	
19	LEMIÈRE (Passage).............	Belleville.	
14	LEMOINE (Impasse).............	Montrouge.	
2	LEMOINE (Passage).............	P. St-Denis.	
20	LEMON (Rue)................	Belleville.	
18	LÉON (Rue).................	La Chapelle.	
16	LÉONARD-DE-VINCI (Rue).........	Ternes.	
14	LÉONIDAS (Passage).............	Montrouge.	
9	LÉONIE (Rue)................	R. Lafayette.	
14	LÉONIE (Rue, impasse)...........	Montrouge.	
14	LÉONIE (Villa)...............	Montrouge.	
12	LÉOPOLD (Rue)...............	Bercy.	
19	LEPAGE (Cité)................	Villette.	
9	LEPELETIER (Passage)............	Bourse.	
9	LEPELETIER (Rue) :		
	1, 2 à 35, 26.............	Bourse.	
	37, 28 à fin.............	R. Lafayette.	
12	LEPEU (Passage)...............	G. de Lyon.	
12	LEPEU (Rue).................	Bercy.	

ARRON-DIS-SEMENT.	NOMS DES RUES, PLACES, BOULEVARDS, ETC.	BUREAU DISTRIBUTEUR.
18	Lepic (Rue)................	Montmartre.
7	Leprince (Hospice)............	Central.
4	Le Regrattier (Rue)...........	B.St-Germain.
16	Leroux (Rue, impasse)..........	Ternes.
12	Leroy-Dupré (Cour)...........	Bercy.
20	Lesage (Rue)................	Belleville.
4	Lesdiguières (Rue de)..........	R. de Lyon.
16	Lesueur (Rue)........	Ternes.
15	Letellier (Rue).............	Grenelle.
18	Letort (Rue)................	Montmartre.
13	Levée (Impasse).............	Gobelins.
20	Léveillard (Rue, impasse).......	Belleville.
11	Levert (Passage).............	R. de Lyon.
20	Levert (Rue)................	Belleville.
17	Levis (Rue, place de)...........	B. Courcelles.
5	Lhomond (Rue)..............	Sénat.
20	Liban (Rue du)..............	Belleville.
12	Libert (Rue)................	Bercy.
4	Licorne (Rue de la)...........	Pl. St-Michel.
13	Liégat (Chemin du)...........	G. d'Orléans.
12	Lieutenance (Sentier de la).......	Pl. du Trône.
11	Lilas (Cité, ruelle des).........	R. de Lyon.

ARRON-DIS-SEMENT.	NOMS DES RUES, PLACES, BOULEVARDS, ETC.	BUREAU DISTRIBUTEUR.	
19	LILAS (Rue, ruelle des)............	Belleville.	
7	LILLE (Caserne de la rue de)...... (Rue de Lille, n° 60.)	Central.	
7	LILLE (Rue de):		
	1, 2 à 37, 50...............	Saints-Pères.	
	39, 52 à fin.............	Central.	
14	LILLE (Rue de)...............	Montrouge.	
1	LIMACE (Rue de la).............	Halles-Centr.	
1	LINGERIE (Rue de la)...........	Halles-Centr.	
5	LINNÉ (Rue).................	B. S¹-Germain.	
15	LINOIS (Rue)...............	Grenelle.	
4	LIONS-SAINT-PAUL (Rue des).......	R. de Lyon.	
8	LISBONNE (Rue de) :		
	1, 2 à 11, 14............	Pl. Havre.	
	13, 16 à fin.............	B. Courcelles.	
5	LISIEUX (Caserne de)........... (Rue des Carmes.)	Pl. S¹-Michel.	
1	LISTE CIVILE (Intendance de la).... (Palais des Tuileries.)	Av. Napoléon.	
4	LOBAU (Rue, place, caserne).......	H. Ville.	
6	LOBINEAU (Rue)...............	Saints-Pères.	
19	LOIRE (Quai de la)............	Villette.	
1-4	LOMBARDS (Rue des)............	Halles-Centr.	
8-9	LONDRES (Rue, cité de)..........	Pl. Havre.	
16	LONGCHAMP (Boulev., rond-point de)..	Passy.	

ARRON-DIS-SEMENT.	NOMS DES RUES, PLACES, BOULEVARDS, ETC.	BUREAU DISTRIBUTEUR.	
16	LONGCHAMP (Rue de) :		
	1, 2 à 25, 24	Ch.-Élysées.	
	27, 26 à fin	Passy.	
14	LONGUE-AVOINE (Impasse)	Montrouge.	
8	LORD-BYRON (Rue)	Ch.-Élysées.	
19	LORRAINE (Rue de)	Villette.	
5	LOUIS-LE-GRAND (Lycée)	Sénat.	
2	LOUIS-LE-GRAND (Rue)	Gr.-Hôtel.	
11	LOUIS-PHILIPPE (Cour, passage)	R. de Lyon.	
4	LOUIS-PHILIPPE (Pont)	H. Ville.	
12	LOUIS-PROUST (Cour)	Bercy.	
13	LOURCINE (Caserne, hôpital, rue de) .	Halle Cuirs.	
15	LOURMEL (Rue de)	Grenelle.	
17	LOUVAIN (Rue de)	Ternes.	
19	LOUVAIN (Rue de)	Belleville.	
2	LOUVOIS (Rue, square)	Bourse.	
1	LOUVRE (R., quai, pl., musée, palais, caserne du)	Av. Napoléon.	
7-15	LOWENDAL (Avenue de)	École milit.	
16	LUBECK (Rue de)	Ch.-Élysées.	
18	LUCAS (Cité) . . . . (Rue Véron, n° 17.)	Montmartre.	
2	LULLY (Rue)	Bourse.	
2	LUNE (Rue de la)	P. St-Denis.	

ARRON-DIS-SEMENT.	NOMS DES RUES, PLACES, BOULEVARDS, ETC.	BUREAU DISTRIBUTEUR.	
19	LUNÉVILLE (Rue de).............	Villette.	
9	LUTHÉRIENS (Temple des)........	Bourse.	
6	LUXEMBOURG (Palais, jardin, musée du)	Sénat.	
1	LUXEMBOURG (Rue de)...........	Gr.-Hôtel.	
20	LYANNES (Rue des).............	Belleville.	
1	LYCÉE (Passage du).............	Av. Napoléon.	
12	LYON (Chemin de fer de).........	G. de Lyon.	
12	LYON (Rue de) :		
	1 à 7.................	G. de Lyon.	
	2, 9 à fin.............	R. de Lyon.	
5	LYONNAIS (Rue des)............	Halle Cuirs.	
4	LYRIQUE (Théâtre).............	Halles-Centr.	
9	LYRIQUE (École)............... (Rue de la Tour-d'Auvergne.)	R. Lafayette.	

M

6	MABILLON (Rue)...............	Saints-Pères.	
19	MACDONALD (Boulevard).........	Villette.	
12	MÂCON-BERCY (Rue de)..........	Bercy.	
6	MADAME (Rue)................	Sénat.	
20	MADAME (Rue)................	Prince-Eug.	
1-8-9	MADELEINE (Bd, églse, gal., pl., pass., marché de la)	Madeleine.	
3	MADELONNETTES (Prison des).......	Chât.-d'Eau.	

ARRON-DIS-SEMENT.	NOMS DES RUES, PLACES, BOULEVARDS, ETC.	BUREAU DISTRIBUTEUR.	
15	MADEMOISELLE (Rue)...............	Grenelle.	
18	MADONE (Rue de la)..............	La Chapelle.	
8	MADRID (Impasse de)..........	Pl. Havre.	
8	MADRID (Rue de).............	Pl. Havre.	
7	MAGASIN central d'habillements milit. (Quai d'Orsay, n° 75.)	Central.	
7	MAGASIN central des hôpitaux milit..	Central.	
16	MAGDEBOURG (Rue de)...........	Ch.-Élysées.	
8	MAGELLAN (Rue)...............	Ch.-Élysées.	
13	MAGENDIE (Rue)...............	Halle Cuirs.	
10	MAGENTA (Boulevard de) :		
	1, 2 à 15, 30...........	Chât.-d'Eau.	
	17, 32 à 85, 84.........	R. de Strasb.	
	87, 86 à fin............	G. du Nord.	
15	MAGENTA (R. de) ou DU CANTONNIER-SOMBRET	Vaugirard.	
16	MAGENTA (Rue de).............	Auteuil.	
10	MAGNAN (Rue)................	Chât.-d'Eau.	
1	MAI (Cour du)................ (Palais de justice.)	Pl. St-Michel.	
4	MAIL (Le).................... (Port aux Fruits.)	H. Ville.	
2	MAIL (Rue du)................	Bourse.	
11	MAIN-D'OR (Passage, cour de la)....	R. de Lyon.	
13	MAINDRON (Passage)...........	Gobelins.	
15-14	MAINE (Aven., place, cité, impasse du).	R. Rennes.	

ARRONDISSEMENT.	NOMS DES RUES, PLACES, BOULEVARDS, ETC.	BUREAU DISTRIBUTEUR.	
14	MAINE (Chaussée du) :		
	1, 2 à 55, 58............	R. Rennes.	
	57, 60 à fin............	Montrouge.	
	MAIRIES.		
	1er arrondissement..........	Av. Napoléon.	
	2e arrondissement..........	Bourse.	
	3e arrondissement..........	Chât.-d'Eau.	
	4e arrondissement..........	H. Ville.	
	5e arrondissement..........	Sénat.	
	6e arrondissement..........	Sénat.	
	7e arrondissement..........	Central.	
	8e arrondissement..........	Madeleine.	
	9e arrondissement..........	Bourse.	
	10e arrondissement..........	P. St-Denis.	
	11e arrondissement..........	Prince-Eug.	
	12e arrondissement..........	Bercy.	
	13e arrondissement..........	Gobelins.	
	14e arrondissement..........	Montrouge.	
	15e arrondissement..........	Vaugirard.	
	16e arrondissement..........	Passy.	
	17e arrondissement..........	R. St-Pétersb.	
	18e arrondissement..........	Montmartre.	

ARRON-DIS-SEMENT.	NOMS DES RUES, PLACES, BOULEVARDS, ETC.	BUREAU DISTRIBUTEUR.	
	MAIRIES. (Suite.)		
	19ᵉ arrondissement............	Villette.	
	20ᵉ arrondissement............	Belleville.	
18	MAIRIE (Place, cité de la).........	Montmartre.	
15	MAIRIE-GRENELLE (Passage de la)...	Grenelle.	
16	MAISON D'ARRÊT de la Garde nationᵉ.	Passy.	
3	MAISON-DES-ARTS (Cour de la)..... (Place de la Petite-Corderie, n° 8.)	Chât.-d'Eau.	
13	MAISON-BLANCHE (Rue de la)......	Gobelins.	
11	MAISON-BRÛLÉE (Cour de la)...... (Rue du Faubourg-Saint-Antoine, n° 89.)	R. de Lyon.	
14	MAISON-DIEU (Rue de la).........	Montrouge.	
20	MAISON-NEUVE (Cité de la)....... (Passage des Rosiers, n° 3.)	Belleville.	
20	MAISON-NEUVE-CHARONNE (Cité de la).	Belleville.	
17	MAISTRE (Rue de) :		
	1, 2 à 15, 52............	Montmartre.	
	17, 54 à fin.............	R. Sᵗ-Pétersb.	
5	MAÎTRE-ALBERT (Rue)...........	B.Sᵗ-Germain.	
16	MALAKOFF (Avenue) :		
	1, 2 à 77, 64............	Passy.	
	79, 66 à fin.............	Ternes.	
15	MALAKOFF (Impasse)...........	Vaugirard.	
6	MALAQUAIS (Quai)............	Saints-Pères.	
7	MALAR (Rue)...............	Central.	

ARRON- DIS- SEMENT.	NOMS DES RUES, PLACES, BOULEVARDS, ETC.	BUREAU DISTRIBUTEUR.	
18	MALASSIS (Passage des) .... (Route militaire.)	Montmartre.	
15	MALASSIS (Ruelle des)	Vaugirard.	
5	MALEBRANCHE (Rue)............	Sénat.	
8-17	MALESHERBES (Boulevard) :		
	1, 2 à 47, 44	Madeleine.	
	49, 46 à 85, 70	Pl. Havre.	
	87, 72 à fin.............	B. Courcelles.	
17	MALESHERBES (Cité)............	Av. Clichy.	
9	MALESHERBES (Cité)............	R. Lafayette.	
17	MALESHERBES (Place)...........	B. Courcelles.	
8	MALESHERBES (Rue)............	Pl. Havre.	
4	MALHER (Rue)	H. Ville.	
8	MALLEVILLE (Rue)............	B. Courcelles.	
13	MALMAISONS (Rue, sentier des).....	Gobelins.	
11	MALTE (Rue de)...............	Chât.-d'Eau.	
2	MANDAR (Rue, galerie)..........	H. Postes.	
18	MANOIR (Rue du).............	Montmartre.	
9	MANSART (Rue)..............	R. Lafayette.	
16	MANUTENTION DES VIVRES (et rue de la)	Ch.-Élysées.	
10	MARAIS (Entrepôt des)	Chât.-d'Eau.	
14	MARAIS (Impasse des).......... (Rue de Châtillon.)	Montrouge.	
18	MARAIS (Impasse des).......... (Rue Philippe-de-Girard.)	La Chapelle.	

ARRON-DIS-SEMENT.	NOMS DES RUES, PLACES, BOULEVARDS, ETC.	BUREAU DISTRIBUTEUR.	
10	MARAIS-SAINT-MARTIN (Impasse des).	R. de Strasb.	
10	MARAIS-St-MARTIN ou DU TEMPLE (R. des). (En partie démolie.)		
	1, 2 à 57, 54	Chât.-d'Eau.	
	56 à 70.	R. de Strasb.	
	85, 84 à fin.	P. St-Denis.	
8	MARBEUF (Rue, avenue, allée).	Ch.-Élysées.	
18	MARCADET (Rue) :		
	1, 2 à 57, 58.	La Chapelle.	
	59, 60 à 183, 200.	Montmartre.	
	185, 202 à fin.	Av. Clichy.	
11	MARCÉ (Impasse). . . . . (Rue Popincourt, n° 39.)	Prince-Eug.	
12	MARCEAU (Rue).	Bercy.	
1	MARCHAND (Passage). . . . . (Rue du Cloître-Saint-Honoré.)	Av. Napoléon.	
18	MARCHÉ (Rue, impasse du).	La Chapelle.	
18	MARCHÉ (Cité du).	Montmartre.	
20	MARCHÉ (Place du).	Belleville.	
15	MARCHÉ (Rue, place du).	Grenelle.	
16	MARCHÉ (Rue du).	Passy.	
4	MARCHÉ-NEUF (Quai du)	Pl. St-Michel.	
11	MARCHÉ-POPINCOURT (Rue du)	Prince-Eug.	
5-13	MARCHÉ-AUX-CHEVAUX (Aven., imp. du)	G. d'Orléans.	
5-13	MARCHÉ-AUX-CHEVAUX (Rue du)	Halle Cuirs.	

ARRON- DIS- SEMENT.	NOMS DES RUES, PLACES, BOULEVARDS, ETC.	BUREAU DISTRIBUTEUR.
13	MARCHÉ-AUX-PORCS (Rue, passage du)	Gobelins.
5	MARCHÉ-AUX-VEAUX (Rue, place du).	B.S'-Germain.
4	MARCHÉ-DES-BLANCS-MANTEAUX (R.du).	H. Ville.
5	MARCHÉ-DES-PATRIARCHES (R., pass. du)	B.S'-Germain.
10	MARCHÉ-PORTE-S'-MARTIN (Pass. du).	P. S'-Denis.
1	MARCHÉ-S'-HONORÉ (Rue, place du).	Pl. Vendôme.
3	MARCHÉ-S'-MARTIN (Pl., c' du Vieux-).	P. S'-Denis.
4	MARCHÉ-S'"-CATHERINE (R., place du).	H. Ville.
	MARCHÉS ET HALLES.	
8	MARCHÉ d'Aguesseau	Madeleine.
17	———— des Batignolles.	R. S'-Pétersb.
12	———— Beauvau.	G. de Lyon.
	———— aux Bestiaux ou de la Villette.	Marché Best.
4	———— des Blancs-Manteaux	H. Ville.
1	———— aux Blés (Halle).	Halles-Centr.
5	———— des Carmes.	Pl. S'-Michel.
16	———— de Chaillot	Ch.-Élysées.
5-14	———— du Champ-des-Capucins. . . .	Montrouge.
5-13	———— aux Chevaux.	Halle Cuirs.
5	———— aux Cuirs (Halle).	Halle Cuirs.
3	———— des Enfants-Rouges.	Vieilles-Haud.
1	———— aux Farines (Halle).	H. Postes.

ARRON-DIS-SEMENT.	NOMS DES RUES, PLACES, BOULEVARDS, ETC.	BUREAU DISTRIBUTEUR.	
	MARCHÉS ET HALLES. (Suite.)		
10	MARCHÉ aux Fleurs, Château-d'Eau,.	Chât.-d'Eau.	
4	———— aux Fleurs, place Lobau . . .	H. Ville.	
8	———— aux Fleurs, de la Madeleine.	Madeleine.	
6	———— aux Fleurs, place St-Sulpice.	Sénat.	
4	———— aux Fruits............. (Quai de la Grève.)	H. Ville.	
7	———— du Gros-Caillou..........	Central.	
1	———— des Halles Centrales......	Halles-Centr.	
1	———— aux Huitres (Halle)....... (Halles-Centrales.)	Halles-Centr.	
8	———— Laborde (Nouveau).......	B. Courcelles.	
12	———— Lenoir	G. de Lyon.	
8	———— de la Madeleine.........	Madeleine.	
18	———— de Montmartre..........	Montmartre.	
9	———— de Notre-Dame-de-Lorette.	R. Lafayette.	
1	———— aux OEufs............. (Halles Centrales.)	Halles-Centr.	
1	———— au Pain.............. (Halles Centrales.)	Halles-Centr.	
5	———— des Patriarches.........	B.St-Germain.	
1	———— au Poisson............ (Halles Centrales.)	Halles Centr.	
1	———— aux Pommes de terre...... (Halles Centrales.)	Halles-Centr.	
11	———— Popincourt	Prince-Eug.	
18	———— aux Porcs,............	La Chapelle.	
10	———— de la Porte-Saint-Martin ...	P. St-Denis.	

ARRONDISSEMENT.	NOMS DES RUES, PLACES, BOULEVARDS, ETC.	BUREAU DISTRIBUTEUR.
	MARCHÉS ET HALLES. (Suite.)	
1	MARCHÉ des Prouvaires........... (Halles Centrales.)	Halles-Centr.
4	———— Sainte-Catherine.........	H. Ville.
7	———— Saint-Dominique........	Central.
6	———— Saint-Germain.........	Saints-Pères.
1	———— Saint-Honoré.........	Pl. Vendôme.
4	———— Saint-Jean...........	H. Ville.
2	———— Saint-Joseph.........	Bourse.
10	———— Saint-Laurent.........	G. du Nord.
3	———— Saint-Martin.........	P. St-Denis.
6	———— Saint-Maur..........	R. Rennes.
10	———— Saint-Quentin.........	G. du Nord.
3	———— du Temple..........	Chât.-d'Eau.
1	———— aux Toiles.......... (Halle aux Blés.)	H. Postes.
18	———— aux Vaches..........	La Chapelle.
6	———— de la Vallée.........	Pl. St-Michel.
5	———— aux Veaux et Vaches....	B.St-Germain.
1	———— à la Verdure......... (Halles Centrales.)	Halles-Centr.
19	———— de la Villette.........	Marché Best.
6	———— à la Volaille et au Gibier..	Pl. St-Michel.
20	MARE (Rue de la)...........	Belleville.
1	MARENGO (Rue de)..........	Av. Napoléon.

ARRON-DIS-SEMENT.	NOMS DES RUES, PLACES, BOULEVARDS, ETC.	BUREAU DISTRIBUTEUR.	
15	MARGUERITES (Rue des)...........	Grenelle.	
12	MARGUETTES (Rue des)..........	Pl. du Trône.	
17	MARIE (Cité). .... (Rue du Docteur, n° 14.)	Av. Clichy.	
4	MARIE (Pont)................	B.St-Germain.	
18	MARIE-ANTOINETTE (Rue).........	Montmartre.	
2	MARIE-STUART (Rue)............	H. Postes.	
14	MARIE-THÉRÈSE (Hospice)........	Montrouge.	
8	MARIGNAN (Rue de).............	Ch.-Élysées.	
8	MARIGNY (Avenue)	R. Boissy.	
7	MARINE (Dépôt de la)..........	Saints-Pères.	
8	MARINE et des Colonies (Minist^{re} de la).	R. Boissy.	
14	MARINIERS (Sentier des).........	Montrouge.	
17	MARIOTTE (Rue)..............	R. St-Pétersb.	
2	MARIVAUX (Rue)...............	Bourse.	
15	MARMONTEL (Rue).	Vaugirard.	
13	MARMOUSETS-SAINT-MARCEL (Rue des).	Halle Cuirs.	
19	MARNE (Quai de la)...........	Villette.	
19	MAROC (Rue, place du).........	Villette.	
20	MARONITES (Rue des)...........	Belleville.	
10	MARQUEFROY (Rue)............	R. de Strasb.	
16	MARRONNIERS (Rue des)	Passy.	
7	MARS (Champ de).............	École milit.	

ARRON-DIS-SEMENT.	NOMS DES RUES, PLACES, BOULEVARDS, ETC.	BUREAU DISTRIBUTEUR.	
10	MARSEILLE (Rue de).............	Chât.-d'Eau.	
2	MARSOLLIER (Rue).............	Bourse.	
12	MARSOULAND (Cité)............. (Rue de Reuilly, n° 119.)	Pl. du Trône.	
12	MARTEL (Avenue).............	Bercy.	
10	MARTEL (Rue).............	S⁺ᵉ-Cécile.	
7	MARTIGNAC (Rue, cité)..........	Central.	
18	MARTIN (Rue).............	La Chapelle.	
18	MARTYRS (Place des)..........	Montmartre.	
9	MARTYRS (Rue des) :		
	1, 2 à 67, 72.............	R. Lafayette.	
	67 bis, 74 à fin..........	Montmartre.	
13	MASSÉNA (Boulevard) :		
	1, 2 à	G. d'Orléans.	
	à fin.............	Gobelins.	
7	MASSERAN (Rue).............	École milit.	
4	MASSILLON (Rue).............	Pl. S⁺-Michel.	
18	MASSON (Rue, passage, cité).....	Montmartre.	
18	MASSONET (Impasse)...........	Montmartre.	
4	MASURE (Rue de la)............. (Quai des Ormes.)	H. Ville.	
14	MATERNITÉ (Hospice de la)........	Montrouge.	
19	MATHIS (Rue).............	Villette.	
8	MATIGNON (Avenue, rue)........	Ch.-Élysées.	

ARRON-DIS-SEMENT.	NOMS DES RUES, PLACES, BOULEVARDS, ETC.	BUREAU DISTRIBUTEUR.	
5	MAUBERT (Place, impasse)...........	Pl. St-Michel.	
10	MAUBEUGE (Rue de):		
	1, 2 à 35, 40...............	R. Lafayette.	
	37, 42 à fin.............	G. du Nord.	
15	MAUBLANC (Rue)...............	Vaugirard.	
4	MAUBUÉE (Rue)...............	H. Ville.	
1-2	MAUCONSEIL (Rue, impasse)........	H. Postes.	
13	MAUNY (Ruelle)...............	Gobelins.	
3	MAURE (Rue du)...............	Vieilles-Haud.	
11	MAURICE (Impasse, passage).......	Prince-Eug.	
13	MAURICE-MEYER (Rue)...........	Gobelins.	
4	MAUVAIS-GARÇONS (Rue des)......	H. Ville.	
11	MAUVE (Passage)...............	Pl. du Trône.	
	(Rue du Faubourg-Saint-Antoine, n° 249.)		
19	MAUXINS (Ruelle des)...........	Belleville.	
6	MAYET (Rue)...............	R. Rennes.	
9	MAYRAN (Rue)...............	Ste-Cécile.	
12	MAZAGRAN (Cité)...............	Bercy.	
	(Boulevard de Bercy, n° 12.)		
10	MAZAGRAN (Rue, impasse, passage)..	P. St-Denis.	
14	MAZAGRAN (Rue)...............	Montrouge.	
20	MAZAGRAN (Ruelle)...........	Belleville.	
6	MAZARINE (Bibliothèque)........	Saints-Pères.	
6	MAZARINE (Rue)...............	Saints-Pères.	

ARRON-DIS-SEMENT.	NOMS DES RUES, PLACES, BOULEVARDS, ETC.	BUREAU DISTRIBUTEUR.	
12	MAZAS (Boulevard) :		
	1, 2 à 77, 80	G. de Lyon.	
	79, 82 à fin	Pl. du Trône.	
12	MAZAS ou TOCANIER (Passage)	Pl. du Trône.	
12	MAZAS (Place)	R. de Lyon.	
12	MAZAS (Prison de)	G. de Lyon.	
6	MAZET (Rue)	Pl. St-Michel.	
19	MEAUX (Rue de)	Villette.	
14	MÉCHAIN (Rue)	Montrouge.	
6	MÉDAILLES (Musée des)	Saints-Pères.	
	(Hôtel des Monnaies.)		
14	MÉDÉAH (Rue de)	Montrouge.	
6	MÉDECINE (École de)	Sénat.	
6	MÉDICIS (Rue de)	Sénat.	
12	MÉDOC (Rue de)	Bercy.	
1	MÉGISSERIE (Quai de la)	Halles-Centr.	
2	MÉHUL (Rue)	Bourse.	
19	MEINADIER (Rue)	Villette.	
12	MENANT (Cour)	Bercy.	
2	MÉNARS (Rue)	Bourse.	
18	MENESSIER (Rue)	Montmartre.	
11	MÉNILMONTANT (Abattoir)	Prince-Eug.	
11	MÉNILMONTANT (Impasse, passage) . .	Prince-Eug.	

ARRON-DIS-SEMENT.	NOMS DES RUES, PLACES, BOULEVARDS, ETC.	BUREAU DISTRIBUTEUR.	
11-20	MÉNILMONTANT (Boulevard) :		
	1, 2 à 67, 38.............	Prince-Eug.	
	69, 40 à fin.............	Belleville.	
20	MÉNILMONTANT (Chem., chem. neuf, chem. vicinal, rue ou chaussée, place, porte).	Belleville.	
16	MENOU (Boulevard).............	Auteuil.	
18	MENUISIERS (Impasse des)........	Av. Clichy.	
1	MERCIER (Rue)...............	H. Postes.	
11	MERCOEUR (Rue).............	Prince-Eug.	
13	MÉRIDIEN (Impasse du)..........	Montrouge.	
12	MERISIERS (Sentier des).........	Pl. du Trône.	
11	MERLIN (Rue)...............	Prince-Eug.	
3	MESLAY (Rue) :		
	1, 2 à 33, 28............	Chât.-d'Eau.	
	35, 30 à fin............	P. St-Denis.	
16	MESNIL (Rue)...............	Passy.	
10	MESSAGERIES (Rue des)..........	Ste-Cécile.	
1	MESSAGERIES-LAFFITTE (Passage des).	H. Postes.	
16	MESSAGERIES IMPÉRIALES (Ateliers des).	Ch.-Élysées.	
2	MESSAGERIES-IMPÉRIALES (Passage des)	Bourse.	
14	MESSIER (Rue)...............	Montrouge.	
8	MESSINE (Rue de).............	B. Courcelles.	
10	METZ (Rue de)...............	R. de Strasb.	

ARRON-DIS-SEMENT.	NOMS DES RUES, PLACES, BOULEVARDS, ETC.	BUREAU DISTRIBUTEUR.
12	MEUNIERS (Chemin, rue des)......	Bercy.
19	MEXICO (Rue de)..............	Belleville.
9	MEYERBEER (Rue)..............	Gr.-Hôtel.
6	MÉZIÈRES (Rue de).............	Sénat.
16	MICHEL-ANGE (Rue)............	Auteuil.
12	MICHEL-BIZOT (Rue)...........	Bercy
3	MICHEL-LE-COMTE (Rue).........	Vieilles-Haud.
2	MICHODIÈRE (Rue de la).........	Gr.-Hôtel.
18	MIDI (Cité du)...............	Montmartre.
14	MIDI (Hospice du)............	Montrouge.
15	MIGEOT-DE-BARRAN (Rue)........	Grenelle.
16	MIGNARD (Rue)...............	Passy.
6	MIGNON (Rue)................	Pl. St-Michel.
19	MIGNOTTES (Rue, sentier des)......	Belleville.
9	MILAN (Rue de)...............	Pl. Havre.
20	MILCENT (Impasse)............	Belleville.
4	MILIEU-DES-URSINS (Rue du)......	Pl. St-Michel.
7	MILITAIRE (École).............	École milit.
10	MILITAIRE SAINT-MARTIN (Hôpital)...	R. de Strasb.
12	MILLAUD (Avenue).............	R. de Lyon.
9	MILTON (Rue)................	R. Lafayette.
5	MINÉRALOGIE (Cabinet de)........	B.St-Germain.

ARRON-DIS-SEMENT.	NOMS DES RUES, PLACES, BOULEVARDS, ETC.	BUREAU DISTRIBUTEUR.	
6	MINES (École des).............	Sénat.	
3	MINIMES (Rue, caserne des).......	R. de Lyon.	
	MINISTÈRES.		
7	MINISTÈRE des Affaires étrangères...	Central.	
7	———— de l'Agriculture, du Commerce et des Travaux publics.	Central.	
1	———— d'État............. (Tuileries.)	Av. Napoléon.	
1	———— des Finances.........	Pl. Vendôme.	
7	———— de la Guerre.........	Central.	
7	———— de l'Instruction publique.	Central.	
8	———— de l'Intérieur.........	Madeleine.	
1	———— de la Justice.........	Pl. Vendôme.	
1	———— de la Maison de l'Empereur et des Beaux-Arts. (Tuileries.)	Av. Napoléon.	
8	———— de la Marine et des Colonies.	R. Boissy.	
15	MIOLLIS (Rue)................	Grenelle.	
16	MIRABEAU (Rue).............	Auteuil.	
8	MIRACLES (Cour des)........... (Rue du Faubourg-du-Temple, n° 71.)	Chât.-d'Eau.	
2	MIRACLES-BONNE-NOUVELLE (Cour des)	P. St-Denis.	
8	MIROMESNIL (Rue) :		
	1, 2 à 53, 54............	Madeleine.	
	55, 56 à fin.............	Pl. Havre.	
6	MISSIONS (Rue des)............	R. Rennes.	
7	MISSIONS-ÉTRANGÈRES (Égl., sém. des).	Central.	

ARRON-DIS-SEMENT.	NOMS DES RUES, PLACES, BOULEVARDS, ETC.	BUREAU DISTRIBUTEUR.	
7	Mobilier de la Couronne. (Conserv'e du.)	École milit.	
9	Mogador (Rue)................	Pl. Havre.	
20	Mogador-Belleville (Rue).......	Belleville.	
1	Moineaux (Rue des)...........	Av. Napoléon.	
17	Moines (Rue des)............	Av. Clichy.	
3	Molay (Rue)...............	Vieilles-Haud.	
16	Molière (Avenue)...........	Auteuil.	
3	Molière (Passage)...........	Halles-Centr.	
1	Molière (Rue).............	Av. Napoléon.	
16	Molitor (Rue).............	Auteuil.	
8	Mollien.................	B. Courcelles.	
8	Monceaux (Parc)...........	B. Courcelles.	
8	Monceaux (Rue) :		
	1, 2 à 73, 68.	B. Courcelles.	
	75, 70 à fin............	Pl. du Havre.	
17	Moncey (Passage)............	Av. Clichy.	
9	Moncey Rue)...............	R. S'-Pétersb.	
1	Mondétour (Rue)...........	Halles-Centr.	
20	Mondétour-Charonne (Rue)......	Belleville.	
1	Mondovi (Rue de)...........	R. Boissy.	
5	Monge (Rue et place)..........	B.S'-Germain.	
12	Mongenot (Rue)....	Pl. du Trône.	

ARRON-DIS-SEMENT.	NOMS DES RUES, PLACES, BOULEVARDS, ETC.	BUREAU DISTRIBUTEUR.	
19	MONJOLLE (Rue, passage).........	Belleville.	
6	MONNAIE (Impasse, quai, hôtel de la)	Saints-Pères.	
1	MONNAIE (Rue de la).............	Av. Napoléon.	
12	MONNET (Cité)................ (Rue de Charenton, n° 169.)	Bercy.	
20	MONPLAISIR (Avenue, rue)........	Belleville.	
7	MONSIEUR (Rue)...............	Central.	
6	MONSIEUR-LE-PRINCE (Rue)........	Sénat.	
2	MONSIGNY (Rue)................	Bourse.	
5	MONTAGNE-Ste-GENEVIÈVE (R. de la)..	B.St-Germain.	
8	MONTAIGNE (Rue, avenue)........	Ch.-Élysées.	
8	MONTALIVET (Rue)..............	Madeleine.	
14	MONTBRUN..................	Montrouge.	
18	MONTCALM (Rue)...............	Montmartre.	
18	MONT-CENIS (Rue du)............	Montmartre.	
4	MONT-DE-PIÉTÉ (Passage et hôtel du)	Vieilles-Haud.	
6	MONT-DE-PIÉTÉ (Succursale du)..... (Rue Bonaparte, n° 16.)	Saints-Pères.	
20	MONTEBELLO (Passage de)........	Prince-Eug.	
5	MONTEBELLO (Quai de)..........	Pl. St-Michel.	
15	MONTEBELLO (Rue de)..........	Vaugirard.	
12	MONTEMPOIVRE (Rue, sentier, porte).	Pl. du Trône.	
19	MONTÉNÉGRO (Passage, rue du)....	Belleville.	
12	MONTÉRA (Rue)...............	Pl. du Trône.	

ARRON-DIS-SEMENT.	NOMS DES RUES, PLACES, BOULEVARDS, ETC.	BUREAU DISTRIBUTEUR.	
1	MONTESQUIEU (Rue, passage, galerie).	Av. Napoléon.	
6	MONTFAUCON (Rue de)...............	Saints-Pères.	
12	MONTGALLET (Rue).................	Bercy.	
3	MONTGOLFIER (Rue)...............	P. St-Denis.	
9	MONTHOLON (Place, square, rue)...	Ste-Cécile.	
9	MONTHYON (Rue).................	Ste-Cécile.	
20	MONTIBOEUF (Impasse)...........	Belleville.	
19	MONTIER (Passage)...............	Villette.	
18	MONTJOIE (Chemin de la)........	La Chapelle.	
12	MONTMARTEL (Rue)............... (Port de Bercy, n° 73.)	Bercy.	
9	MONTMARTRE (Abattoir).........	R. Lafayette.	
2-9	MONTMARTRE (Boulevard, cité, galerie)	Bourse.	
18	MONTMARTRE (Porte)...........	Montmartre.	
1-2	MONTMARTRE (Rue) :		
	1, 2 à 81, 104...........	H. Postes.	
	83, 106 à fin...........	Bourse.	
16	MONTMORENCY (Boulev., avenue, villa)	Auteuil.	
3	MONTMORENCY (Rue)...........	Vieilles-Haud.	
1-2	MONTORGUEIL (Rue)...........	H. Postes.	
5-6-14-15	MONTPARNASSE (Boulev., rue, imp.).	R. Rennes.	
14	MONTPARNASSE (Cimetière).......	Montrouge.	
1	MONTPENSIER (Rue, passage, péristyle, galerie, théâtre). (Palais-Royal.)	Av. Napoléon.	

ARRON-DIS-SEMENT.	NOMS DES RUES, PLACES, BOULEVARDS, ETC.	BUREAU DISTRIBUTEUR.	
12	MONTREUIL-BERCY (Rue de).......	Bercy.	
20	MONTREUIL-CHARONNE (Rue, villa, route, porte de).	Pl. du Trône.	
11	MONTREUIL-SAINT-ANTOINE (Rue de).	Pl. du Trône.	
14	MONTROUGE (Av. du Gr-., pl., porte de)	Montrouge.	
14	MONTROUGE (Boulevard de)........	R. Rennes.	
	MONTROUGE (Fort de)...........	*Arcueil.*	Sans exprès.
5	MONT-SAINT-HILAIRE (Rue du).....	Sénat.	
14	MONTSOURIS (Impasse, parc, av. de)..	Montrouge.	
1	MONT-THABOR (Rue du) :		
	1, 2 à 21, 42...............	Pl. Vendôme.	
	23, 44 à fin.............	R. Boissy.	
11	MORAND (Rue)................	Chât.-d'Eau.	
18	MOREAU (Impasse, cité).........	Av. Clichy.	
12	MOREAU (Rue)................	R. de Lyon.	
14	MORÈRE (Rue)................	Montrouge	
18	MORESTIER (Impasse, cité).......	Montmartre.	
11	MORET (Rue).................	Chât.-d'Eau.	
4	MORGUE (La)................	Pl. St-Michel.	
15	MORILLONS (Impasse, voie des)....	Vaugirard.	
15	MORIN (Impasse)...............	Vaugirard.	
4	MORLAND (Rue, boulevard, place)...	R. de Lyon.	
9	MORLOT (Rue)................	Pl. Havre.	

ARRONDISSEMENT.	NOMS DES RUES, PLACES, BOULEVARDS, ETC.	BUREAU DISTRIBUTEUR.	
4	MORNAY (Rue de）.............	R. de Lyon.	
8	MORNY (Rue de)..............	Ch.-Élysées.	
19	MONT (Chemin du)............	Villette.	
11	MORTAGNE (Impasse)...........	R. de Lyon.	
20	MORTIER (Boulevard)..........	Belleville.	
8	MOSCOU (Rue de)..............	R. St-Pétersb.	
19	MOSELLE (Rue de la)..........	Villette.	
7-15	MOTTE-PIQUET (Avenue de la) :		
	1, 2 à 45, 38	Central.	
	47, 40 à fin	École milit.	
5	MOUFFETARD (Caserne)..........	B. St Germain.	
5-13	MOUFFETARD (Rue) :		
	1, 2 à 127, 114	B. St-Germain.	
	129, 116 à 291, 256......	Halle Cuirs.	
	293, 258 à fin	Gobelins.	
11	MOUFLE (Passage, rue)........	R. de Lyon.	
15	MOULIN (Chemin du)..........	Vaugirard.	
14	MOULIN-DE-BEURRE (Rue du).....	Montrouge.	
13	MOULIN-DE-LA-POINTE (Rue du).....	Gobelins.	
14	MOULIN-DE-LA-VIERGE (Rue, pass. du).	Montrouge.	
13	MOULIN-DES-PRÉS (R., chem., sent. du)	Gobelins.	
11	MOULIN-JOLY (Impasse du)........	Chât.-d'Eau.	
	(Rue des Trois-Couronnes, n° 27.)		

APPEN-DIS-SEMENT.	NOMS DES RUES, PLACES, BOULEVARDS, ETC.	BUREAU DISTRIBUTEUR.	
12	MOULIN-URBAIN (Impasse du)	G. de Lyon.	
14	MOULIN-VERT (Rue, impasse du)	Montrouge.	
18	MOULINS (Cité des)	Montmartre.	
14	MOULINS (Impasse des) (Rue de la Tombe-Issoire, n° 94.)	Montrouge.	
1	MOULINS (Rue des)	Av. Napoléon.	
18	MOULINS-BATIGNOLLES (Rue des)	R. St-Pétersb.	
12	MOULINS-REUILLY (Passage des)	Pl. du Trône.	
13	MOULINET (Rue, impasse)	Gobelins.	
13	MOUNY (Rue, ruelle)	Gobelins.	
20	MOURAUD (Sentier)	Prince-Eug.	
12	MOUSQUETAIRES (Rue, ruelle des)	G. de Lyon.	
11	MOUSSAY (Rue, cour)	R. de Lyon.	
4	MOUSSY (Rue de)	H. Ville.	
14	MOUTON-DUVERNET (Rue)	Montrouge.	
12	MOYNET (Cité) (Rue de Charenton, n° 169.)	Bercy.	
16	MOZART (Avenue)	Passy.	
16	MUETTE (Avenue, impasse, rue du Château, porte, boulevard, chaussée de la)	Passy.	
1	MULETS (Rue des)	Av. Napoléon.	
19	MULHOUSE (Rue de)	Villette.	
2	MULHOUSE (Rue de)	Bourse.	
18	MULLER (Rue)	Montmartre.	
16	MUNICIPALITÉ (Rue de la)	Auteuil.	

ARRON-DIS-SEMENT.	NOMS DES RUES, PLACES, BOULEVARDS, ETC.	BUREAU DISTRIBUTEUR.	
16	MURAT (Boulevard)...............	Auteuil.	
5	MÛRIER (Rue du)..............	B.S'-Germain.	
8	MURILLO (Rue)................	B. Courcelles.	
11	MURS-DE-LA-ROQUETTE (Rue des)....	Prince-Eug.	
9	MUSIQUE (Académie de) (*Opéra*)...	Bourse.	
16	MUSSET (Rue de)...............	Auteuil.	
18	MYRRHA (Rue) :		
	1, 2 à 65, 70............	La Chapelle.	
	67, 72 à fin.............	Montmartre.	

N

10	NANCY (Rue de)...............	R. de Strasb.	
11	NANETTE (Ruelle, impasse).......	Prince-Eug.	
14	NANSOUTY (Rue)...............	Montrouge.	
19	NANTES (Rue de)...............	Villette.	
8	NAPLES (Rue de)..............	Pl. Havre.	
4	NAPOLÉON (Caserne)............	H. Ville.	
10	NAPOLÉON (Cirque, docks)........	Chât.-d'Eau.	
9	NAPOLÉON (Cité)................ (Rue Rochechouart, n° 58.)	R. Lafayette.	
20	NAPOLÉON (Cité, square)	Belleville.	
14	NAPOLÉON (Impasse, cité)........	Montrouge.	
5	NAPOLÉON (Lycée)...............	Sénat.	

ARRON-DIS-SEMENT.	NOMS DES RUES, PLACES, BOULEVARDS, ETC.	BUREAU DISTRIBUTEUR.	
18	NAPOLÉON (Passage)............. (Rue des Abbesses, n° 63.)	Montmartre.	
1	NAPOLÉON (Place)..............	Av. Napoléon.	
12-13	NAPOLÉON (Pont)..............	Bercy.	
4	NAPOLÉON (Quai)..............	Pl. St-Michel.	
1	NATATION Henri IV (École de).....	Pl. St-Michel.	
4	NATATION de l'île St-Louis (École de).	B.St-Germain.	
7	NATATION du pont Royal (École de).	Saints-Pères.	
18	NATION (Rue de la)............	Montmartre.	
13	NATIONALE (Rue, place).........	Gobelins.	
12	NATIVITÉ (Rue, place, impasse de la)	Bercy.	
9	NAVARIN (Rue de).............	R. Lafayette.	
15	NECKER (Hospice).............	R. Rennes.	
4	NECKER (Rue)................	H. Ville.	
7	NÉGRIER (Rue). (Projetée.)		
1	NEMOURS (Cour, galerie, péristyle de) (Palais-Royal.)	Av. Napoléon.	
11	NEMOURS (Rue de).............	Chât.-d'Eau.	
19	NEMOURS-LA-VILLETTE (Rue de)....	Villette.	
9	NÉOTHERMES (Maison de santé des). (Rue de la Victoire, n° 56.)	R. Lafayette.	
6	NESLE (Rue de)..............	Saints-Pères.	
1	NEUF (Pont)................	Pl. St-Michel.	
11	NEUFCHÂTEAU (Rue de).........	Prince Eug.	
20	NEUF-DE-MÉNILMONTANT (Chemin)...	Belleville.	

ARRON-DIS-SEMENT.	NOMS DES RUES, PLACES, BOULEVARDS, ETC.	BUREAU DISTRIBUTEUR.	
17	NEUILLY (Boulevard de) :		
	1, 2 à 105, 112	B. Courcelles.	
	107, 114 à fin	Ternes.	
17	NEUILLY (Porte de)	Ternes.	
16	NEUVE-AUTEUIL (Rue)	Auteuil.	
9	NEUVE-BOSSUET (Rue)	R. Lafayette.	
3	NEUVE-BOURG-L'ABBÉ (Rue)	Halles-Centr.	
20	NEUVE-CHIBONNE (Rue)	Belleville.	
9	NEUVE-COQUENARD (Rue)	R. Lafayette.	
18	NEUVE-DEJEAN (Rue)	Montmartre.	
9	NEUVE-FÉNELON (Rue)	R. Lafayette.	
19	NEUVE-FESSARD (Rue)	Belleville.	
9	NEUVE-FONTAINE-St-GEORGES (Rue) ..	R. Lafayette.	
6	NEUVE-GUILLEMIN (Rue)	Saints-Pères.	
12	NEUVE-MONGENOT (Rue)	Pl. du Trône.	
4	NEUVE-NOTRE-DAME (Rue)	Pl. St-Michel.	
11	NEUVE-POPINCOURT (Rue)	Prince-Eug.	
19	NEUVE-PRADIER (Rue)	Belleville.	
18	NEUVE-DE-LA-GOUTTE-D'OR (Rue) . . .	La Chapelle.	
12	NEUVE-DE-REUILLY (Rue)	Pl. du Trône.	
7	NEUVE-DE-LA-VIERGE (Rue)	Central.	
11	NEUVE-DES-BOULETS (Rue)	Prince-Eug.	

ARRON-TIS-SEMENT.	NOMS DES RUES, PLACES, BOULEVARDS, ETC.	BUREAU DISTRIBUTEUR.	
1-2	NEUVE-DES-CAPUCINES (Rue)........	Pl. Vendôme.	
9	NEUVE-DES-MARTYRS (Rue)........	R. Lafayette.	
9-8	NEUVE-DES-MATHURINS (Rue) :		
	1, 2 à 45, 60............	Gr.-Hôtel.	
	47, 62 à fin............	Madeleine.	
2-1	NEUVE-DES-PETITS-CHAMPS (Rue) :		
	1, 2 à 67, 52............	Bourse.	
	69, 54 à fin............	Pl. Vendôme.	
2	NEUVE-DES-PETITS-PÈRES (Rue).....	Bourse.	
14	NEUVE-DU-MAINE (Rue)...........	R. Rennes.	
2	NEUVE-SAINT-AUGUSTIN (Rue) :		
	1, 2 à 35, 28............	Bourse.	
	37, 30 à fin............	Gr.-Hôtel.	
5	NEUVE-SAINT-MÉDARD (Rue).......	B. St-Germain.	
4	NEUVE-SAINT-MERRY (Rue).......	H. Ville.	
6	NEVERS (Rue, impasse de)........	Saints-Pères.	
10	NEVEUX (Passage..............	P. St-Denis.	
16	NEWTON (Rue)................	Ch.-Élysées.	
18	NEY (Boulevard) : 1, 2 à	La Chapelle.	
	à	Montmartre.	
	à fin............	Av. Clichy.	
11	NICE (Rue de)...............	Prince-Eug.	

ARRON-DIS-SEMENT.	NOMS DES RUES, PLACES, BOULEVARDS, ETC.	BUREAU DISTRIBUTEUR.	
15	NICE-À-LA-FRONTIÈRE (Rue de)......	Vaugirard.	
12	NICOLAÏ (Rue, caserne)	Bercy.	
4	NICOLAS-FLAMEL (Rue)...........	Halles-Centr.	
5	NICOLE (Rue)................	Sénat.	
18	NICOLET (Rue)...............	Montmartre.	
7	NICOLET (Rue)...............	Central.	
16	NICOLO (Rue)...............	Passy.	
7	NICOT (Rue)...............	Central.	
14	NIEPCE (Rue)...............	Montrouge.	
2	NIL (Rue du)...............	P. St-Denis.	
16	NITOT (Rue)................	Ch.-Élysées.	
3	NOËL (Cité)..... .... (Rue Rambuteau, n° 22.)	Vieilles-Haud.	
11	NOIR (Passage)............... (Rue du Faubourg-Saint-Antoine, n° 231.)	Pl. du Trône.	
18	NOLET (Cité)............... (Rue des Cloys.)	Montmartre.	
17	NOLLET (Rue) :		
	1, 2 à 71, 84.............	R. St-Pétersb.	
	73, 86 à fin.............	Av. Clichy.	
11	NOM-DE-JÉSUS (Cour du)......... (Rue du Faubourg-Saint-Antoine, n° 47.)	R. de Lyon.	
4	NONNAINS-D'HYÈRES (Rue des)......	H. Ville.	
18	NORD (Cité du)...............	La Chapelle.	
17	NORD (Embarcadère du)..........	Av. Clichy.	
10	NORD (Ateliers du chemin de fer du).	G. du Nord.	

ARRON-DIS-SEMENT.	NOMS DES RUES, PLACES, BOULEVARDS, ETC.	BUREAU DISTRIBUTEUR.	
18	NORD-CLIGNANCOURT (Passage du)...	Montmartre.	
18	NORD-LA-CHAPELLE (Rue, pass. du)..	La Chapelle.	
19	NORD-LA-VILLETTE (Passage du)....	Villette.	
5	NORMALE supérieure (École)......	Sénat.	
3	NORMANDIE (Rue de)....	Chât.-d'Eau.	
18	NORVINS (Rue)...............	Montmartre.	
1	NOTAIRES (Chambre des)........ (Place du Châtelet.)	Halles-Centr.	
4	NOTRE-DAME (Métropole)........	Pl. St-Michel.	
4	NOTRE-DAME (Pont)...........	Pl. St-Michel.	
15	NOTRE-DAME (Ruelle)..........	Vaugirard.	
13	NOTRE-DAME D'IVRY (Église)......	G. d'Orléans.	
16	NOTRE-DAME D'AUTEUIL (Église)....	Auteuil.	
12	NOTRE-DAME DE BERCY (Église).....	Bercy.	
4	NOTRE-DAME-DES-BLANCS-MANT. (Égl.)	H. Ville.	
2	NOTRE-DAME-DE-B.-NOUV. (Rue, égl.).	P. St-Denis.	
6	NOTRE DAME-DES-CHAMPS (Rue, égl.).	R. Rennes.	
20	NOTRE-DAME-DE-LA-CROIX (Église)..	Belleville.	
9	NOTRE-DAME-DE-LORETTE (Rue, égl.).	R. Lafayette.	
3	NOTRE-DAME-DE-NAZARETH (Église)..	Chât.-d'Eau.	
3	NOTRE-DAME-DE-NAZARETH (Rue de) :		
	1, 2 à 31, 38............	Chât.-d'Eau.	
	33, 40 à fin..............	P. St-Denis.	

ARRON-DIS-SEMENT.	NOMS DES RUES, PLACES, BOULEVARDS, ETC.	BUREAU DISTRIBUTEUR.	
2	NOTRE-DAME-DE-RECOUVR. (Rue de)..	P. St-Denis.	
2	NOTRE-DAME-DES-VICTOIRES (Rue, égl.)	Bourse.	
3	NOURRICES (Direction des)........ (Rue Sainte-Apolline, n° 18.)	P. St-Denis.	
10	NOUVELLE-FRANCE (Caserne de la)...	Ste-Cécile.	
20	NOYERS (Rue des).............	Belleville.	
5	NOYERS (Rue des).............	Pl. St-Michel.	
11	NYS (Cité, rue)................	Chât. d'Eau.	

O

15	OBÉLISQUE (Place de l')...........	Vaugirard.	
11	OBERKAMPF (Rue).............	Chât.-d'Eau.	
16	OBLIGADO (Rue d')............	Ternes.	
1	OBLIN (Rue)................	H. Postes.	
5-6	OBSERVATOIRE (Carrefour de l')....	Sénat.	
14	OBSERVATOIRE (Palais et avenue de l').	Montrouge.	
4	OCTROI DE PARIS (Administration de l'). (Hôtel de Ville.)	H. Ville.	
6	ODÉON (Rue, théâtre, carrefour, galerie, place de l').	Sénat.	
14	ODESSA (Cité, rue d').............	R. Rennes.	
8	ODIOT (Cité)................	Ch.-Élysées.	
1	OEUFS (Marché aux)........... (Halles Centrales.)	Halles-Centr.	
19	OISE (Quai de l').............	Villette.	
7	OISEAUX (Couvent des)..........	R. Rennes.	

ARRONDISSEMENT.	NOMS DES RUES, PLACES, BOULEVARDS, ETC.	BUREAU DISTRIBUTEUR.	
3	OISEAUX (Rue, passage des).......	Vieilles-Haud.	
20	OISEAUX (Sentier des)...........	Belleville.	
15	OLIER (Rue).................	Vaugirard.	
7	OLIVET (Rue)...............	Central.	
15	OLIVIER-DE-SERRES (Rue)........	Vaugirard.	
9	OLLIVIER (Rue).............	R. Lafayette.	
11	OMER-TALON (Rue)............	Prince-Eug.	
9	OPÉRA (Nouvel)..............	Gr.-Hôtel.	
9	OPÉRA (Passage, théâtre de l').....	Bourse.	
9	OPÉRA (Place de l')............	Gr.-Hôtel.	
2	OPÉRA-COMIQUE (Théâtre de l')....	Bourse.	
18	ORAN (Rue d')...............	La Chapelle.	
5	ORANGERIE (Rue de l').........	Halle Cuirs.	
1	ORATOIRE-DU-LOUVRE (R., temp. de l').	Av. Napoléon.	
12	ORATOIRE-St-ANTOINE (Temple de l'). (Rue Saint-Antoine, n° 216.)	R. de Lyon.	
18	ORCHAMPS (Rue)............	Montmartre.	
18	ORDENER (Rue)..............	Montmartre.	
1	ORFÉVRES (Port, quai des).......	Pl. St-Michel.	
1	ORFÉVRES (Rue des)...........	Halles Centr.	
12	ORIENT (Passage de l')..........	R. de Lyon.	
18	ORIENT (Rue de l')............	Montmartre.	
11	ORILLON (Rue, impasse de l')......	Chât.-d'Eau.	

ARRON-DIS-SEMENT.	NOMS DES RUES, PLACES, BOULEVARDS, ETC.	BUREAU DISTRIBUTEUR.	
13	ORLÉANS (Chemin de fer d')......	G. d'Orléans.	
17	ORLÉANS (Cité d')............	Av. Clichy.	
9	ORLÉANS ou DES TROIS-FRÈRES (Cour, square d').	R. Lafayette.	
1	ORLÉANS (Galerie d') (Palais-Royal) .	Av. Napoléon.	
4	ORLÉANS (Quai d')............	B. St-Germain.	
14	ORLÉANS (Route, porte d')........	Montrouge.	
17	ORLÉANS-BATIGNOLLES (Rue d').....	Av. Clichy.	
12	ORLÉANS-BERCY (Rue, pass., impasse, Petite-Rue d')	Bercy.	
1	ORLÉANS-SAINT-HONORÉ (Rue d')....	H. Postes.	
5	ORLÉANS-SAINT-MARCEL (Place d')...	B. St-Germain.	
15	ORLÉANS-VAUGIRARD (Rue d')......	Vaugirard.	
19	ORME (Rue, impasse de l').......	Belleville.	
20	ORMEAUX (Rue des)............	Pl. du Trône.	
4	ORMESSON (Rue d')............	H. Ville.	
18	ORNANO (Boulevard d').........	Montmartre.	
15	ORNE (Rue de l')............	Vaugirard.	
12	ORPHELINAT du Prince-Impérial.... (Rue du Faubourg-Saint-Antoine, n° 284.)	Pl. du Trône.	
7	ORSAY (Caserne d')...........	Central.	
7	ORSAY (Quai d') :		
	1 à 97.............	Central.	
	99 à fin.............	École milit.	
1	ORTIES-SAINT-HONORÉ (Rue des)....	Av. Napoléon.	

ARRONDISSEMENT.	NOMS DES RUES, PLACES, BOULEVARDS, ETC.	BUREAU DISTRIBUTEUR.	
3	Oseille (Rue de l').............	Vieilles-Haud.	
20	Ottoz (Villa)................ (Rue Piat, n° 6.)	Belleville.	
7	Oudinot (Rue, impasse).........	Central.	
18	Oudot (Rue)................	Montmartre.	
14	Ouest-Plaisance (Rue, passage de l').	Montrouge.	
19	Ourcq (Canal et rue de l').......	Villette.	
11	Ours (Cour de l')............. (Rue du Faubourg-Saint-Antoine, n° 95.)	R. de Lyon.	
2-3	Ours (Rue aux) :		
	1, 2 à 45, 40...........	Halles-Centr.	
	47, 42 à fin............	H. Postes.	

P

1-2	Pagevin (Rue).............	H. Postes.	
5	Paillet (Rue)...............	Sénat.	
1	Pain (Marché au)........... (Halles Centrales.)	Halles-Centr.	
19	Paix (Cité de la).............	Villette.	
15	Paix (Petite-Rue de la)..........	Vaugirard.	
2	Paix (Rue de la).............	Gr.-Hôtel.	
14	Paix-Montrouge (Rue de la)......	Montrouge.	
18	Pajol (Rue)................	La Chapelle.	
16	Pajou (Rue)................	Passy.	
1-4	Palais (Boulevard du)..........	Pl. St-Michel.	

ARRON-DIS-SEMENT.	NOMS DES RUES, PLACES, ROUELFARDS, ETC.	BUREAU DISTRIBUTEUR.	
7	PALAIS-BOURBON (Place du)........	Central.	
1	PALAIS DE JUSTICE...............	Pl. St-Michel.	
1	PALAIS-ROYAL (Place, palais, jardin, galerie, théâtre du).	Av. Napoléon.	
6	PALATINE (Rue)................	Sénat.	
15	PALESTRO (Rue de)............	Vaugirard.	
2	PALESTRO (Rue de) :		
	1, 2 à 29, 24............	H. Postes.	
	31, 26 à fin.............	P. St-Denis.	
20	PALIKAO (Rue de).............	Belleville.	
13	PALMYRE (Rue)...............	Gobelins.	
11	PANIER-FLEURI (Cour du)........ (Rue de Charonne, n° 17.)	R. de Lyon.	
1	PANIER-FLEURI (Passage du)....... (Rue Tirechappe, n° 16.)	Halles-Centr.	
8	PANORAMA historique...........	R. Boissy.	
2	PANORAMAS (Passage, rue des).....	Bourse.	
20	PANOYAUX (Rue, impasse des).....	Belleville.	
7	PANTHÉMONT (Temple, caserne)....	Central.	
5	PANTHÉON (Le, place du)........	Sénat.	
19	PANTIN (Porte de).............	Villette.	
4	PAON-BLANC (Rue du)........... (Quai des Ormes, n° 48.)	H. Ville.	
20	PAPIER-BELLEVILLE (Passage)......	Belleville.	
20	PAPIER-CHARONNE (Passage).......	Prince-Eug.	
9	PAPILLON (Rue)...............	Ste-Cécile.	

ARRON-CIS-SEMENT.	NOMS DES RUES, PLACES. BOULEVARDS, ETC.	BUREAU DISTRIBUTEUR.	
3	Papin (Rue)..................	P. St-Denis.	
10	Paradis-Poissonnière (Rue de).....	Ste-Cécile.	
20	Parc-de-Charonne (Chemin du)....	Prince-Eug.	
3	Parc-Royal (Rue du)............	Vieilles-Haud.	
5	Parcheminerie (Rue de la).......	Pl. St-Michel.	
5	Paris (Académie de)............ (Sorbonne.)	Sénat.	
17	Paris-Batignolles (Rue de).......	B. Courcelles.	
15	Paris (Petite-Voie de)...........	Vaugirard.	
9	Parme (Rue de)...............	R. St-Pétersb.	
11	Parmentier (Avenue)...........	Prince-Eug.	
10	Parmentier (Impasse).......... (Cité Holzbacher.)	Chât.-d'Eau.	
11-10	Parmentier (Rue)	Chât.-d'Eau.	
20	Partants (Chemin, sentier des)....	Belleville.	
4	Parvis-Notre-Dame (Place du).....	Pl. St-Michel.	
5-13	Pascal (Rue).................	Halle Cuirs.	
8	Pasquier (Rue) :		
	1, 2 à 29, 32.............	Madeleine.	
	31, 34 à fin.............	Pl. Havre.	
16	Passy (Boulevard, rue, place, port, quai, porte de).	Passy.	
16	Passy à Boulogne (Route de)......	Passy.	
3	Pastourelle (Rue).............	Vieilles-Haud.	
13	Patay (Rue)..................	G. d'Orléans.	

ARRON-DIS-SEMENT.	NOMS DES RUES, PLACES, BOULEVARDS, ETC.	BUREAU DISTRIBUTEUR.	
5	PATRIARCHES (Marché des)	B.S¹-Germain.	
5	PATRIARCHES (Rue, passage des)	B.S¹-Germain.	
16	PÂTURES (Rue des)	Auteuil.	
14	PATURLE (Rue)	Montrouge.	
2	PAUL-LELONG (Rue)	Bourse.	
16	PAUQUET (Rue)	Ch.-Élysées.	
1-	PAUVRE-DIABLE (Passage du) (Rue Montesquieu.)	Av. Napoléon.	
16	PAUVRES (Impasse des)	Auteuil.	
4	PAVÉE-AU-MARAIS (Rue)	H. Ville.	
20	PAVILLONS (Rue des)	Belleville.	
15	PAYEN (Rue, impasse)	Grenelle.	
3	PAYENNE (Rue)	Vieilles-Haud.	
19	PÉCHOUIN (Rue)	Belleville.	
15	PÉCLET (Rue)	Grenelle.	
4	PECQUAY (Rue, passage)	H. Ville.	
2	PEINTRES (Impasse, passage des)	Halles-Centr.	
11	PELÉE (Ruelle)	R. de Lyon.	
1	PÉLICAN (Rue du)	H. Postes.	
20	PELLEPORT (Rue)	Belleville.	
18	PENÉ (Passage, impasse)	La Chapelle.	
18	PENEL (Passage) (Rue du Ruisseau.)	Montmartre.	
8	PENTHIÈVRE (Caserne de)	Ch.-Élysées.	

ARRON-DIS-SEMENT.	NOMS DES RUES, PLACES, BOULEVARDS, ETC.	BUREAU DISTRIBUTEUR.	
8	PENTHIÈVRE (Rue de) :		
	1, 2 à 19, 14	Madeleine.	
	21, 16 à fin	Ch.-Élysées.	
8	PÉPINIÈRE (Rue, caserne de la)	Pl. Havre.	
4	PERCÉE-SAINT-ANTOINE (Rue)	H. Ville.	
14	PERCEVAL (Rue)	Montrouge.	
16	PERCHAMPS (Rue, place des)	Auteuil.	
3	PERCHE (Rue du)	Vieilles-Haud.	
8	PERCIER (Avenue)	Ch.-Élysées.	
10	PERDONNET (Rue)	R. de Strasb.	
20	PÈRE-LACHAISE (Chemin de ronde, cimetière du).	Prince-Eug.	
18	PÉRÉ (Impasse)	La Chapelle.	
17	PEREIRE (Boulevard) :		
	1, 2 à 41, 46	Av. Clichy.	
	43, 48 à 125, 118	B. Courcelles.	
	127, 120 à fin	Ternes.	
17	PEREIRE (Place)	B. Courcelles.	
16	PERGOLÈSE (Rue)	Ternes.	
15	PERICHAUX (Chemin, impasse)	Vaugirard.	
7-15	PÉRIGNON (Rue)	École milit.	
3	PERLE (Rue de la)	Vieilles-Haud.	
20	PERLET (Rue)	Belleville.	

ARRON-DIS-SEMENT.	NOMS DES RUES, PLACES, BOULEVARDS, ETC.	BUREAU DISTRIBUTEUR.	
18	PERNEL (Passage, impasse)........	Montmartre.	
4	PERNELLE (Rue).................	Halles Centr.	
15	PERNETTY (Impasse)............	Grenelle.	
14	PERNETTY (Rue)................	Montrouge.	
4	PERPIGNAN (Rue);.............	Pl. St-Michel.	
1	PERRAULT (Rue)...............	Av. Napoléon.	
3	PERRÉE (Rue).................	Chât.-d'Eau.	
14	PERREL (Rue).................	Montrouge.	
1	PERRON (Passage du)............ (Palais-Royal.)	Av. Napoléon.	
7	PERRONET (Rue)...............	Saints-Pères.	
18	PERS (Impasse)................	Montmartre.	
19	PETAIN (Impasse).............	Belleville.	
15	PETÈL (Rue).................	Vaugirard.	
17	PETERS (Impasse).............	Ternes.	
20	PETIT (Passage)............. (Rue Mogador, nº 11.)	Belleville.	
19	PETIT (Rue).................	Villette.	
12	PETIT-BERCY (Avenue du).........	Bercy.	
2	PETIT-CARREAU (Rue du).........	H. Postes.	
13	PETIT-CHAMP-DE-L'ALOUETTE (Rue du).	Halle Cuirs.	
12	PETIT-CHÂTEAU (Avenue, cour du)..	Bercy.	
18	PETIT-DIEU (Impasse)........... (Chaussée de Clignancourt, nº 111.)	Montmartre.	
13	PETIT-GENTILLY (Rue du)........	Gobelins.	

AERON-DIS-SEMENT.	NOMS DES RUES, PLACES, BOULEVARDS, ETC.	BUREAU DISTRIBUTEUR.	
6	PETIT-LUXEMBOURG (Palais du).....	Sénat.	
4	PETIT-MUSC (Rue du)...........	R. de Lyon.	
13	PETIT-PAVILLON (Ruelle du)....... (Rue du Moulin-des-Prés, n° 74.)	Gobelins.	
5	PETIT-PONT DE L'HÔTEL-DIEU (Le)...	Pl. S¹-Michel.	
5	PETIT-PONT (Rue, place du)......	Pl. S¹-Michel.	
6	PETIT SÉMINAIRE (Le)...........	R. Rennes.	
6	PETITE-BOUCHERIE (Passage de la)..	Saints-Pères.	
3	PETITE-CORDERIE (Rue de la)......	Chât.-d'Eau.	
1	PETITE-TRUANDERIE (Rue de la)....	Halles-Centr.	
15	PETITE-VOIE-DE-P...IS...........	Vaugirard.	
19	PETITS-CHAUMONTS (Rue des)......	Belleville.	
10	PETITS-HÔTELS (Rue des)........	G. du Nord.	
2	PETITS-PÈRES (Rue, place, passage, caserne, église des).	Bourse.	
19	PETITES-CARRIÈRES (Rue des)......	Belleville.	
10	PETITES-ÉCURIES (Rue, cour, passage des).	S¹⁰-Cécile.	
19	PETOIN (Impasse).............	Belleville.	
16	PÉTRARQUE (Rue).............	Passy.	
9	PÉTRELLE (Rue)..............	G. du Nord.	
16	PEUPLIERS (Avenue des).........	Auteuil.	
13	PEUPLIERS (Chemin, poterne des)..	Gobelins.	
18	PHARE (Place du).............	Montmartre.	
5	PHARMACIE (École de)...........	Halle Cuirs.	

ARROU-DIS-SEMENT.	NOMS DES RUES, PLACES, BOULEVARDS, ETC.	BUREAU DISTRIBUTEUR.	
5	PHARMACIE centrale (hôpitaux civils).	B.S¹·Germain.	
7	PHARMACIE centrale (hôpitaux milit.).	Central.	
3	PHELIPEAUX (Rue)	Vieilles-Haud.	
19	PHILIPPE (Cité)	Villette.	
11	PHILIPPE-AUGUSTE (Boulevard) :		
	(Probable) 1, 2, à 11, 12 . . .	Pl. du Trône.	
	(Projeté) à fin	Prince-Eug.	
13	PHILIPPE-DE-CHAMPAGNE (Rue)	Gobelins.	
10-18	PHILIPPE-DE-GIRARD (Rue) :		
	1, 2 à 43, 36	R. de Strasb.	
	45, 38 à fin	La Chapelle.	
20	PHILIPPE-ROUTY (Impasse) . . . . (Chemin des Partants.)	Belleville.	
20	PIAT (Rue)	Belleville.	
13	PICARD (Rue)	G. d'Orléans.	
3	PICARDIE (Rue de)	Chât.-d'Eau.	
16	PICCINI (Rue)	Ternes.	
16	PICOT (Rue)	Ternes.	
12	PICPUS (Boulevard, porte, rue, caserne de).	Pl. du Trône.	
12	PICPUS (Rue) :		
	1, 2 à	Pl. du Trône.	
	à fin	Bercy.	
8	PIEL (Rue) . . . . (Rue du Rocher, n° 86.)	Pl. Havre.	

ARRON-DIS-SEMENT.	NOMS DES RUES, PLACES, BOULEVARDS, ETC.	BUREAU DISTRIBUTEUR.	
18	Piémontési (Passage).............	Montmartre.	
15	Pierre-Assis (Rue).............	Halle Cuirs.	
4	Pierre-au-Lard (Rue)..........	H. Ville.	
1	Pierre-Lescot (Rue)..........	Halles-Centr.	
11	Pierre-Levée (Rue)...........	Chât.-d'Eau.	
5	Pierre-Lombard (Rue).........	Halle Cuirs.	
18	Pierre-Picard (Rue)...........	Montmartre.	
6	Pierre-Sarrazin (Rue)..........	Pl. St-Michel.	
9-18	Pigalle (Place)...............	Montmartre.	
9	Pigalle (Rue, cité)...........	R. Lafayette.	
13	Pinel (Rue, place)............	Gobelins.	
1	Pirouette (Rue)..............	Halles-Centr.	
5	Pitié (Hospice N.-D, carrefour, rue de la).	B.St-Germain.	
11	Pivert (Passage)..............	Chât.-d'Eau.	
19	Place (Rue de la).............	Belleville.	
4	Place Royale (Jardin de la).......	R. de Lyon.	
15	Plaine (Poterne de la)..........	Vaugirard.	
17	Plaine (Rue de la)............	Ternes.	
20	Plaine (Rue, sentier de la).......	Pl. du Trône.	
15	Plaisance (Porte de)...........	Vaugirard.	
3	Planchette (Impasse de la).......	P. St-Denis.	
12	Planchette (Rue, pass., imp. de la).	Bercy.	

ARRON-DIS-SEMENT.	NOMS DES RUES, PLACES, BOULEVARDS, ETC.	BUREAU DISTRIBUTEUR.	
14	PLANTES (Chemin des).............	Montrouge.	
5	PLANTES (Jardin des).............	B.S'-Germain.	
19	PLANTIN (Impasse).............	Villette.	
	(Passage d'Isly, n° 21.)		
3	PLAT-D'ÉTAIN (Hôtel du).........	P. S'-Denis.	
	(Rue Saint-Martin, n° 326.)		
1	PLAT-D'ÉTAIN (Rue du)...........	Halles-Centr.	
19	PLATEAU (Rue, passage, cité du)...	Belleville.	
4	PLÂTRE-AU-MARAIS (Rue du)......	H. Ville.	
19	PLÂTRIÈRES de Belleville..........	Belleville.	
14	PLIÉ (Cité)...................	Montrouge.	
15	PLUMET (Rue)................	Vaugirard.	
14	POINSOT (Rue)...............	R. Rennes.	
16	POINT-DU-JOUR (Porte du)........	Auteuil.	
20	POINTE (Sentier de la)...........	Prince-Eug.	
13	POINTE-D'IVRY (Rue, passage de la)..	Gobelins.	
18	POIRIER (Rue du)..............	Montmartre.	
18	POIRIERS (Rue des).............	La Chapelle.	
20	POIRIERS (Rue des).............	Belleville.	
1	POISSON (Marché au)............	Halles-Centr.	
	(Halles Centrales.)		
17	POISSON (Rue)................	Ternes.	
4	POISSONNERIE (Impasse de la)......	H. Ville.	
	(Rue de Jarente, n° 4.)		
2-9	POISSONNIÈRE (Boulevard, rue)....	Bourse.	
18	POISSONNIERS (Rue, poterne, impasse des).	Montmartre.	

ARRON-DIS-SEMENT.	NOMS DES RUES, PLACES, BOULEVARDS, ETC.	BUREAU DISTRIBUTEUR.
18	POISSONNIERS (Villa des)............ (Située rue Polonceau).	La Chapelle.
5	POISSY (Rue, caserne de).........	B.St-Germain.
6	POITEVINS (Rue des).............	Pl. St-Michel.
7	POITIERS (Rue de).............	Central.
3	POITOU (Rue de).............	Vieilles-Haud.
5	POLIVEAU (Rue)...............	G. d'Orléans.
18	POLONCEAU (Rue)....	La Chapelle.
5	POLYTECHNIQUE (École).........	B.St-Germain.
5	POLYTECHNIQUE (Rue de l'École-)..	B.St-Germain.
1	POMMES de terre (Marché aux)..... (Halles Centrales.)	Halles-Centr.
16	POMPE (Rue de la) :	
	1, 2 à 167, 168.........	Passy.
	169, 170 à fin..........	Ternes.
18	POMPE (Rue de la).............	Montmartre.
16	POMPE à feu de Chaillot.........	Ch.-Élysées.
10	POMPES funèbres (Administrat. des).	Chât.-d'Eau.
10	POMPES funèbres des environs..... (Rue de Dunkerque, n° 78.)	G. du Nord.
2	PONCEAU (Passage, rue du)......	P. St-Denis.
17	PONCELET (Rue)...............	Ternes.
12	PONIATOWSKI (Boulevard)........	Bercy.
3	PONT-AUX-CHOUX (Rue du).......	Chât.-d'Eau.
9	PONT-DE-FER (Maison, cité du).....	Bourse.

ARRON-DIS-SEMENT.	NOMS DES RUES, PLACES, BOULEVARDS, ETC.	BUREAU DISTRIBUTEUR.	
15	PONT-DE-GRENELLE (Place du).....	Grenelle.	
16	PONT-DE-GRENELLE (Rond-point du).	Passy.	
6	PONT-DE-LODI (Rue du)..........	Pl. St-Michel.	
4	PONT-LOUIS-PHILIPPE (Rue du).....	H. Ville.	
6	PONT-NEUF (Passage du).........	Saints-Pères.	
1	PONT-NEUF (Place du)..........	Pl. St-Michel.	
1	PONT-NEUF (Rue du)............	Halles-Centr.	
7	PONTS et Chaussées (École des)....	Saints-Pères.	
8	PONTHIEU (Rue de).............	Ch.-Élysées.	
5	PONTOISE (Rue de).............	B.St-Germain.	
	PONTS.		
7	PONT de l'Alma	Central.	
4	—— de l'Archevêché...........	Pl. St-Michel.	
4	—— d'Arcole................	Pl. St-Michel.	
1	—— des Arts.	Saints-Pères.	
13	—— d'Austerlitz.	G. d'Orléans.	
12	—— de Bercy...............	Bercy.	
1	—— du Carrousel............	Saints-Pères.	
1	—— au Change..............	Halles-Centr.	
4	—— de la Cité..............	Pl. St-Michel.	
7-8	—— de la Concorde	Central.	
4-5	—— de Constantine	B.St-Germain.	

ARRONDISSEMENT.	NOMS DES RUES, PLACES, BOULEVARDS, ETC.	BUREAU DISTRIBUTEUR.	
	PONTS. (Suite.)		
4	PONT au Double...............	Pl. St-Michel.	
19	—— de Flandre...............	Villette.	
4	—— de l'Hôtel-Dieu...........	Pl. St-Michel.	
16	—— d'Iéna..................	École milit.	
7-8	—— des Invalides............	Central.	
4	—— Louis-Philippe...........	H. Ville.	
4	—— Marie.................	B.St-Germain.	
12-13	—— Napoléon..............	Bercy.	
1	—— Neuf.................	Pl. St-Michel.	
4	—— Notre-Dame.............	Pl. St-Michel.	
4	—— (Petit-)...............	Pl. St-Michel.	
1	—— Royal.................	Saints-Pères.	
5	—— Saint-Charles...........	Pl. St-Michel.	
4	—— Saint-Michel...........	Pl. St-Michel.	
1-7	—— de Solferino............	Central.	
4	—— de la Tournelle..........	B.St-Germain.	
11	POPINCOURT (Rue, cité, caserne, abattoir.)	Prince-Eug.	
11	POPINCOURT (Rue du Marché-)....	Prince-Eug.	
18	PORCS (Marché aux)............	La Chapelle.	
19	PORT (Chemin du).............	Villette.	
2	PORT-MAHON (Rue de)..........	Gr.-Hôtel.	

ARRON-DIS-SEMENT.	NOMS DES RUES, PLACES, BOULEVARDS, ETC.	BUREAU DISTRIBUTEUR.	
5-13-14	PORT-ROYAL (Boulevard projeté de) :		
	1, 2 à	Halle Cuirs.	
	à fin.	Montrouge.	
5-14	PORT-ROYAL (Rue de).	Montrouge.	
17	PORT-SAINT-OUEN (Rue du)	Av. Clichy.	
8	PORTALIS (Avenue, rue).	Pl. Havre.	
	PORTES.		
14	PORTE d'Arcueil.	Montrouge.	
17	—— d'Asnières	B. Courcelles.	
18-19	—— d'Aubervilliers	La Chapelle.	
16	—— d'Auteuil.	Auteuil.	
20	—— de Bagnolet	Prince-Eug.	
15	—— du Bas-Meudon	Grenelle.	
12	—— de Bercy.	Bercy.	
13	—— de Bicêtre.	Gobelins.	
16	—— de Billancourt.	Auteuil.	
18	—— de la Chapelle.	La Chapelle.	
12	—— de Charenton.	Bercy.	
14	—— de Châtillon.	Montrouge.	
13	—— de Choisy.	Gobelins.	
17	—— de Clichy	Av. Clichy.	
18	—— de Clignancourt.	Montmartre.	

ARRON- DIS- SEMENT.	NOMS DES RUES, PLACES, BOULEVARDS, ETC.	BUREAU DISTRIBUTEUR.	
	PORTES. (Suite.)		
17	PORTE de Courcelles.............	B. Courcelles.	
16	—— Dauphine..............	Ternes.	
13	—— de la Gare	G. d'Orléans.	
13-14	—— de Gentilly.............	Gobelins.	
15	—— d'Issy................	Vaugirard.	
13	—— d'Italie...............	Gobelins.	
13	—— d'Ivry...............	Gobelins.	
20	—— de Ménilmontant	Belleville.	
12	—— de Montempoivre.........	Pl. du Trône.	
18	—— de Montmartre...........	Montmartre.	
20	—— de Montreuil...........	Pl. du Trône.	
14	—— de Montrouge...........	Montrouge.	
16	—— de la Muette...........	Passy.	
17	—— de Neuilly.............	Ternes.	
14	—— d'Orléans.............	Montrouge.	
19	—— de Pantin.............	Villette.	
16	—— de Passy..............	Passy.	
12	—— de Picpus.............	Pl. du Trône	
15	—— de Plaisance...........	Vaugirard.	
16	—— du Point-du-Jour.........	Auteuil.	
19	—— des Prés-Saint-Gervais	Belleville.	

ARRON-DIS-SEMENT.	NOMS DES RUES, PLACES, BOULEVARDS, ETC.	BUREAU DISTRIBUTEUR.	
	PORTES (Suite.)		
12	PORTE de Reuilly................	Bercy.	
17	—— de la Révolte............	Ternes.	
19-20	—— de Romainville..........	Belleville.	
17	—— de Sablonville...........	Ternes.	
15	—— de Sèvres...............	Grenelle.	
16	—— de Saint-Cloud..........	Auteuil.	
12	—— de Saint-Mandé...:.......	Pl. du Trône.	
18	—— de Saint-Ouen...........	Av. Clichy.	
17	—— des Ternes.............	Ternes.	
14	—— de Vanves..............	Montrouge.	
15	—— de Versailles.............	Vaugirard.	
19	—— de la Villette...........	Villette.	
17	—— de Villiers..............	Ternes.	
12-20	—— de Vincennes...........	Pl. du Trône.	
13	—— de Vitry................	G. d'Orléans.	
16	PORTE-DAUPHINE (Gare de la)......	Ternes.	
20	PORTE-DES-VACHES (Chem., cour de la).	Belleville.	
10	PORTE-SAINT-DENIS (Place de la)....	P. St-Denis.	
10	PORTE-St-MARTIN (Marc., théât. de la).	P. St-Denis.	
18	PORTES-BLANCHES (Rue, chemin des).	Montmartre.	
3	PORTEFOIN (Rue)................	Vieilles-Haud.	

ARRON-DIS-SEMENT.	NOMS DES RUES, PLACES, BOULEVARDS, ETC.	BUREAU DISTRIBUTEUR.	
16	Possoz (Place)	Passy.	
9	Poste aux chevaux.	R. Lafayette.	
19	Poste-Caserne n° 3 (Belleville).	Belleville.	
19	Poste-Caserne n° 4 (Villette).	Villette.	
18	Poste-Caserne n° 5 (La Chapelle) . .	La Chapelle.	
17	Poste-Caserne n° 6 (Batignolles). . .	Av. Clichy.	
17	Poste-Caserne n° 7 (Ternes).	Ternes.	
16	Poste-Caserne n° 8 (Passy).	Passy	
16	Poste-Caserne n° 9 (Auteuil).	Auteuil.	
15	Poste-Caserne n° 10 (Vaugirard). . .	Vaugirard.	
14	Poste-Caserne n° (Montrouge). .	Montrouge.	
13	Poste-Caserne n° 15 (Mais.-Blanche).	Gobelins.	
1	Postes (Administration des).	H. Postes.	
5	Postes (Passage des).	Sénat.	
13	Pot-au-Lait (Rue, chem., Pet.-R. du).	Gobelins.	
5	Pot-de-Fer-Saint-Marcel (Rue du).	Sénat.	
18	Poteau (Rue du).	Montmartre.	
1	Poterie-Saint-Honoré (Rue de la). .	Halles-Centr.	
13	Poterne des Peupliers	Gobelins.	
15	Poterne de la Plaine.	Vaugirard.	
18	Poterne des Poissonniers.	Montmartre.	
19	Poterne des Prés-Saint-Gervais	Villette.	

ARRON-DIS-SEMENT.	NOMS DES RUES, PLACES, BOULEVARDS, ETC.	BUREAU DISTRIBUTEUR.	
1	POTIER (Passage)	Av. Napoléon.	
4	POUDRES et salpêtres (Administ. des).	R. de Lyon.	
18	POULET (Rue)................	Montmartre.	
4	POULTIER (Rue).	B. St-Germain.	
2	POURTALÈS (Rue).............	P. St-Denis.	
16	POUSSIN (Rue)	Auteuil.	
12	POUY (Cour).................	Bercy.	
19	PRADIER (Rue)...............	Belleville.	
19	PRÉ (Rue du)................	Belleville.	
7	PRÉ-AUX-CLERCS (Rue du)........	Saints-Pères.	
18	PRÉ-MAUDIT (Rue du)...........	La Chapelle.	
19	PRÉS-St-GERVAIS (Ch., rue, imp. des) .	Villette.	
19	PRÉS-SAINT-GERVAIS (Porte des)....	Belleville.	
1	PRÊCHEURS (Rue des)...........	Halles-Centr.	
19	PRÉCLIN (Rue)............... (Rue Legrand, n° 31.)	Belleville.	
1	PRÉFECTURE de police...........	Pl. St-Michel.	
4	PRÉFECTURE de la Seine.........	H. Ville.	
16	PRESBOURG (Rue de) :		
	1, 2 à 6, 7..............	Ch.-Elysées.	
	8, 9 à fin	Ternes.	
20	PRESSOIR (Rue du)............	Belleville.	
14	PRÊTRES (Chemin des)..........	Montrouge.	

ARRON-DIS-SEMENT.	NOMS DES RUES, PLACES, BOULEVARDS, ETC.	BUREAU DISTRIBUTEUR.	
16	PRÊTRES (Impasse des)............	Passy.	
1	PRÊTRES-St-GERMAIN-L'AUX. (Rue des).	Av. Napoléon.	
5	PRÊTRES-St-SÉVERIN (Rue des)......	Pl. St-Michel.	-
13	PRÉVOST (Impasse, rue, passage) ...	Gobelins.	
13	PRIMATICE (Rue)................	Gobelins.	
11	PRINCE-EUGÈNE (Boulevard du) :		
	1, 2 à 69, 86............	Chât.-d'Eau.	
	71, 88 à 251, 260.........	Prince-Eug.	
	253, 262 à fin...........	Pl. du Trône.	
10	PRINCE-EUGÈNE (Caserne du)	Chât.-d'Eau.	
11	PRINCE-EUGÈNE (Place du)	Prince-Eug.	
16	PRINCE-IMPÉRIAL (Avenue du)..... (Projetée.)	Passy.	
10	PRINCE-IMPÉRIAL (Cirque du)......	Chât.-d'Eau.	
17	PRINCE-JÉRÔME (Avenue du).......	Ternes.	
2	PRINCES (Passage des)	Bourse.	
6	PRINCESSE (Rue)...............	Saints-Pères.	
	PRISONS CIVILES ET MILITAIRES.		
9	PRISON de Clichy (prison pour dettes).	Pl. Havre.	
1	——— de la Conciergerie........	Pl. St-Michel.	
11	——— des Condamnés ou de la Roquette.	Prince-Eug.	
6	——— du Conseil de guerre......	Saints-Pères.	
16	——— de la Garde nationale (Mon d'arrêt)	Prince-Eug.	

ARRON-DIS-SEMENT.	NOMS DES RUES, PLACES, BOULEVARDS, ETC.	BUREAU DISTRIBUTEUR.	
	PRISONS CIVILES ET MILITAIRES. (Suite.)		
11	PRISON des Jeunes-Détenus........	Chât.-d'Eau.	
3	—— des Madelonnettes........	Passy.	
12	—— de Mazas...............	G. de Lyon.	
6	—— Militaire (Détention)......	Saints-Pères.	
11	—— de la Roquette..........	Prince-Eug.	
10	—— de Saint-Lazare..........	R. de Strasb.	
5	—— de Sainte-Pélagie........	B.Sᵗ-Germain.	
14	PROCESSION (Impasse de la)......	Montrouge.	
15	PROCESSION (Passage de la)........	Vaugirard.	
15-14	PROCESSION (Rue de la) :		
	1, 2 à 89, 94...........	Vaugirard.	
	91, 96 à fin...........	Montrouge.	
13	PROGRÈS (Passage du)..........	Gobelins.	
20	PROGRÈS (Rue du) (Route d'Ivry.)	Belleville.	
17	PROMENADE (Place, pass., rue de la).	Av. Clichy.	
17	PRONY (Rue)................	B. Courcelles.	
18	PROPRIÉTAIRES (Rue des)........	La Chapelle.	
8	PROTESTANTS réformés (Temple des). (Avenue Marbeuf, nᵒ 10 bis.)	Ch.-Élysées.	
1	PROUES (Galerie des)........... (Palais-Royal.)	Av. Napoléon.	
1	PROUVAIRES (Rue, pass., marché des).	Halles-Centr.	
1	PROVENÇAUX (Impasse des)........	Av. Napoléon.	

ARRON-DIS-SEMENT.	NOMS DES RUES, PLACES, BOULEVARDS, ETC.	BUREAU DISTRIBUTEUR.	
8-9	PROVENCE (Rue de) :		
	1, 2 à 69, 68..............	R. Lafayette.	
	71, 70 à fin	Pl . Havre.	
13	PROVIDENCE (Rue de la).........	Gobelins.	
16	PRUDHON (Avenue).............	Passy.	
20	PRUNIERS (Rue des)............	Belleville.	
7	PRUSSE (Ambassade de).........	Central.	
	(Rue de Lille, n° 78.)		
20	PUEBLA (Place de)............	Belleville.	
19	PUEBLA (Rue de) :		
	1, 2 à 31, 40............	Villette.	
	33, 42 à fin	Belleville	
18	PUGET (Rue).................	Montmartre.	
19	PUITS (Rue, passage du)........	Belleville.	
2	PUITS ou cour de la Trinité (Rue du).	H. Postes.	
7	PUITS artésien de Grenelle........	École milit.	
16	PUITS artésien de Passy..........	Passy.	
14	PUITS-DE-L'ÉCU (Sentier du).......	Montrouge.	
5	PUITS-DE-L'HERMITE (Rue, place du).	B. St-Germain.	
3	PUITS-DE-ROME (Cour, passage du)..	Vieilles-Haud.	
8	PUTEAUX (Passage de)...........	Madeleine.	
4	PUTIGNEUX (Impasse)...........	H. Ville.	
	(Rue Geoffroy-Lasnier, n° 15.)		
1	PYRAMIDES (Rue, place des).......	Av. Napoléon.	

ARRONDISSEMENT.	NOMS DES RUES, PLACES, BOULEVARDS, ETC.	BUREAU DISTRIBUTEUR.	

Q

12	QUATRE-BORNES (Impasse des)	Pl. du Trône.
14	QUATRE-CHEMINS (Carrefour des). . .	Montrouge.
12	QUATRE-CHEMINS (Rue des).	Bercy.
3	QUATRE-FILS (Rue des).	Vieilles-Haud.
20	QUATRE-JARDINIERS (Rue, pass. des).	Pl. du Trône.
12	QUATRE-SAISONS (Cour des).	Bercy.
6	QUATRE-VENTS (Rue, impasse des). .	Saints-Pères.
3	QUATRE-VOLEURS (Passage des). . . . . (Rue du Vertbois, n° 62.)	P. St-Denis.
9	QUESNAY (Rue).	R. Lafayette.
15	QUINAULT (Rue).	Grenelle.
3-4	QUINCAMPOIX (Rue).	Halles-Centr.
15	QUINTINIE (Rue).	Vaugirard.
12	QUINZE-VINGTS (Pass., église, hosp. des)	R. de Lyon.

R

8	RABELAIS (Rue).	Ch.-Elysées.
11	RABOISSON (Cour). . . . . (Rue Louis-Philippe, n° 33.)	R. de Lyon.
16	RACINE (Avenue, impasse).	Auteuil.
6	RACINE (Rue).	Sénat.
1	RADZIWILL (Passage, rue). . . . . (Palais-Royal.)	Av. Napoléon.
16	RAFFET (Rue).	Auteuil.

ARRON-DIS-SEMENT.	NOMS DES RUES, PLACES, BOULEVARDS, ETC.	BUREAU DISTRIBUTEUR.
12	RAGUINOT (Passage)............	G. de Lyon.
14	RAMBAUT (Passage)............	Montrouge.
12	RAMBOUILLET (Rue de).........	G. de Lyon.
12	RAMBOUILLET (Ruelle de).......	Bercy.
3-4-1	RAMBUTEAU (Rue de) :	
	1, 2 à 61, 56............	Vieilles-Haud.
	58, 63 à fin............	Halles-Centr.
2	RAMEAU (Rue)...............	Bourse.
18	RAMEY (Rue)...............	Montmartre.
11	RAMPON (Rue).............	Chât.-d'Eau.
18	RAMPONEAU (Passage)..........	Montmartre.
20	RAMPONEAU (Rue)............	Belleville.
16	RANELAGH (Rue, boulevard du)....	Passy.
20	RANSON (Passage)............	Prince-Eug.
11	RAOUL (Impasse)............. (Rue Popincourt, n° 31.)	Prince-Eug.
12	RAOUL (Rue)...............	Bercy.
12	RAPÉE (Boulevard de la)	Bercy.
12	RAPÉE (Port, quai de la)........	G. de Lyon.
16	RAPHAËL (Avenue)............	Passy.
7	RAPP (Avenue)...............	École milit.
20	RATRAIT (Rue, chemin du).......	Belleville.
11	RATS (Chemin de ronde des)......	Prince-Eug.

ARRON-DIS-SEMENT.	NOMS DES RUES; PLACES, BOULEVARDS, ETC.	BUREAU DISTRIBUTEUR.	
20	RATS-CHARONNE (Rue des)............	Prince-Eug.	
11	RATS-PARIS (Rue des)...............	Prince-Eug.	
5	RATTEAU (Rue)...................	Sénat.	
11	RATTÉ (Impasse)................ (Rue Popincourt, n° 34.)	Prince-Eug.	
18	RAVIGNAN (Rue)..............	Montmartre.	
14	RAYMOND (Rue).................	Montrouge.	
13	RAYMOT (Passage).............	Gobelins.	
16	RAYNOUARD (Rue).............	Passy.	
1	RÉALE (Rue de la)...............	Halles-Centr.	
3-2	RÉAUMUR (Rue) :		
	1, 2 à 33, 36.............	Chât.-d'Eau.	
	35, 38 à .	P. St-Denis.	
	(Projetée) à	Bourse.	
	(Projetée) à fin.......	Gr.-Hôtel.	
19	RÉBEVAL (Rue, impasse).........	Belleville.	
10	RÉCOLLETS (Rue des)............	R. de Strasb.	
13	RECULETTES (Ruelle des).........	Gobelins.	
9	RÉDEMPTION (Temple de la).......	Bourse.	
6	REGARD (Rue du)..............	R. Rennes.	
6	RÉGIS (Rue).................	R. Rennes.	
20	REGLISSOIS (Rue du)...........	Prince-Eug.	
6	REGNARD (Rue)...............	Sénat.	

12

ARRONDISSEMENT.	NOMS DES RUES, PLACES, BOULEVARDS, ETC.	BUREAU DISTRIBUTEUR.	
13	REGNAULT (Rue)................	G. d'Orléans.	
4	REGRATTIER (Rue Le)...........	H. Ville.	
14	REILLE (Avenue)...............	Montrouge.	
5	REIMS (Rue de)................	Sénat.	
16	REINE (Route de la)............	Auteuil.	
13	REINE-BLANCHE (Rue, passage de la).	Halle Cuirs.	
1	REINE-DE-HONGRIE (Passage de la)...	H. Postes.	
8	REINE-HORTENSE (Avenue de la) :		
	1, 2 à 25, 26............	B. Courcelles.	
	27, 28 à fin.............	Ch.-Élysées.	
8	REMBRANDT (Rue)..............	B. Courcelles.	
19	REMIÈRE (Cité)................	Belleville.	
1	REMPART (Rue du).............	Av. Napoléon.	
20	REMPARTS (Rue des)............	Pl. du Trône.	
19	RENARD (Passage du)...........	Belleville.	
4	RENARD (Rue du)..............	H. Ville.	
2	RENARD-St-SAUVEUR (Passage du)...	H. Postes.	
14	RENAULT (Cité)................	Montrouge.	
15	RENAUDIN (Rue)...............	Grenelle.	
12	RENDEZ-VOUS (Rue des)..........	Pl. du Trône.	
12	RENET (Cour).................	Bercy.	
17	RENNEQUIN (Rue)..............	Ternes.	

ARRON-DIS-SEMENT.	NOMS DES RUES, PLACES, BOULEVARDS, ETC.	BUREAU DISTRIBUTEUR.	
6	RENNES (Rue de) :		
	1, 2 à	Saints-Pères.	
	à	Sénat.	
	à fin	R. Rennes.	
16	RÉSERVOIRS (Rue, impasse des)	Ch.-Élysées.	
16	RÉSERVOIRS-PASSY (Rue des).......	Passy.	
5	RESTAUT (Rue)................	Sénat.	
8	RETIRO (Cour du).............	Madeleine.	
12	REUILLY (Boulevard de) :		
	1, 2 à 39, 34...........	Bercy.	
	41, 36 à fin...........	Pl. du Trône.	
12	REUILLY-BERCY (R., chemin, porte de).	Bercy.	
12	REUILLY-PARIS (R., carr., cas., cité de).	Pl. du Trône.	
16	RÉUNION (Impasse, villa de la).....	Auteuil.	
3	RÉUNION (Passage de la).........	Vieilles-Haud.	
20	RÉUNION (Rue, place de la).......	Prince-Eug.	
17	RÉVOLTE (Porte de la) (1)........	Ternes.	(1) La route de la Révolte est hors Paris, à Neuilly et Clichy-la-Garenne.
19	REYMIÈRE (Cité)...............	Belleville.	
1-4	REYNIE (Rue de La)...........	Halles Centr.	
15	REYNIER (Rue)...............	Vaugirard.	
19	RHIN (Rue du)...............	Villette.	
20	RIBELETTE (Rue).............	Prince-Eug.	

ARRON-DIS-SEMENT.	NOMS DES RUES, PLACES, BOULEVARDS, ETC.	BUREAU DISTRIBUTEUR.	
9	Ribouté (Rue)................	Ste-Cécile.	
13	Ricaut (Passage, impasse)........	Gobelins.	
17	Richard (Cité)................	Av. Clichy.	
11	Richard-Lenoir (Boulévard) :		
	1, 2 à 97, 80............	R. de Lyon.	
	99, 82 à fin............	Chât.-d'Eau.	
11	Richard-Lenoir (Rue)...........	Prince-Eug.	
1-2	Richelieu (Rue de) :		
	1, 2 à 55, 56............	Av. Napoléon.	
	57, 58 à fin............	Bourse.	
1-8	Richepanse (Rue).............	Madeleine.	
9	Richer (Rue, galerie)..........	Ste-Cécile.	
20	Richer (Rue)................	Belleville.	
10	Richerand (Rue, avenue)........	Chât.-d'Eau.	
18	Richomme (Rue)..............	La Chapelle.	
16	Rigaud (Rue)................	Ch.-Élysées.	
8	Rigny (Rue de)...............	Pl. du Havre.	
20	Rigolles (Rue, impasse, cité des)..	Belleville.	
19-18	Riquet (Rue) :		
	1, 2 à 63, 64...........	Villette.	
	65, 66 à fin...........	La Chapelle.	
10	Riverain (Cité)..............	P. St-Denis.	

ARRON-DIS-SEMENT.	NOMS DES RUES, PLACES, BOULEVARDS, ETC.	BUREAU DISTRIBUTEUR.	
20	RIVIÈRE (Passage, ruelle de la).....	Belleville.	
1	RIVOLI (Place de)...............	Av. Napoléon.	
4-1	RIVOLI (Rue de) :		
	1, 2 à 39, 86............	H. Ville.	
	41, 88 à 75, 130.........	Halles-Centr.	
	77, 132 à 91, 194........	Av. Napoléon.	
	196 à 234..............	Pl. Vendôme.	
	236 à fin..............	R. Boissy.	
9	ROBERT-HOUDIN (Théâtre)........ (Boulevard des Italiens, n° 8.)	Bourse.	
18	ROBERT-MONTMARTRE (Impasse, rue).	Montmartre.	
3	ROBIN (Théâtre)...............	Chât.-d'Eau.	
13	ROBINE (Rue)................	Montrouge.	
20	ROBINEAU (Rue)...............	Belleville.	
20	ROBINSON (Rue de)............	Belleville.	
9	ROCHAMBEAU (Rue).............	Ste-Cécile.	
9-18	ROCHECHOUART (Boulevard).......	Montmartre.	
9	ROCHECHOUART (Rue)...........	R. Lafayette.	
14	ROCHEFOUCAULD (Hospice, rue de La).	Montrouge.	
9	ROCHEFOUCAULD (Rue de La).......	R. Lafayette.	
8	ROCHER (Rue du)..............	Pl. du Havre.	
10	ROCROY (Rue de)..............	G. du Nord.	
9	RODIER (Rue, cité).............	R. Lafayette.	

ARRON-DIS-SEMENT.	NOMS DES RUES, PLACES, BOULEVARDS, ETC.	BUREAU DISTRIBUTEUR.	
14	ROGER (Rue)...................	Montrouge.	
9	ROGRON (Cité)................ (Rue des Martyrs, n° 47.)	R. Lafayette.	
6	ROHAN (Cour, passage, imp., cité de).	Pl. St-Michel.	
1	ROHAN (Rue de)...............	Av. Napoléon.	
18	ROI-D'ALGER (Rue du)..........	Montmartre.	
16	ROI-DE-ROME (Avenue du)........	Ch.-Élysées.	
4	ROI-DE-SICILE (Rue du)..........	H. Ville.	
3	ROI-DORÉ (Rue du).............	Vieilles-Haud.	
13	ROLI (Rue)....................	Montrouge.	
5	ROLLIN (Collége)...............	Sénat.	
5	ROLLIN (Rue)..................	B.St-Germain.	
1	ROLLIN-PREND-GAGE (Impasse)..... (Place Sainte-Opportune.)	Halles-Centr.	
19-20	ROMAINVILLE (Rue, porte de)......	Belleville.	
3	ROME (Impasse, cour, passage de)..	Vieilles-Haud.	
15	ROME (Rue de).................	Vaugirard.	
8-17	ROME (Rue de) :		
	1, 2 à 55, 76.............	Pl. du Havre.	
	57 à 109 (pas de n°s pairs)..	R. St-Pétersb.	
	111 à fin................	Av. Clichy.	
20	RONGE (Impasse, passage)........	Belleville.	
20	RONDEAU (Sentier du)...........	Belleville.	
12	RONDELET (Rue)...............	G. de Lyon.	

ARRON-DIS-SEMENT.	NOMS DES RUES, PLACES, BOULEVARDS, ETC.	BUREAU DISTRIBUTEUR	
20	Rondonneaux (Sentier des)........	Prince-Eug.	
8	Roquépine (Rue)...............	Madeleine.	
11	Roquette (Aven., place, prison de la).	Prince-Eug.	
11	Roquette (Rue de la) :		
	1, 2 à 79, 106............	R. de Lyon.	
	81, 108 à fin............	Prince-Eug.	
18	Roses (Rue des)..............	La Chapelle.	
15	Rosière (Rue de la)..........	Grenelle.	
20	Rosiers (Ruelle, cité, passage des)..	Belleville.	
4	Rosiers (Rue des).............	H. Ville.	
20	Rosselin (Rue)...............	Prince-Eug.	
9	Rossini (Rue)...............	Bourse.	
18	Rothschild (Impasse, passage)....	Av. Clichy.	
17	Rotonde (Rue de la)...........	B. Courcelles.	
3	Rotonde-du-Temple (Place de la)...	Chât.-d'Eau.	
6	Rotrou (Rue)...............	Sénat.	
10	Roubaix (Place)..............	G. du Nord.	
11	Roubo (Rue)................	Pl. Trône.	
15	Rouelle (Rue)...............	Grenelle.	
8	Rouen (Chemin de fer de)........	Pl. Havre.	
19	Rouen (Rue de)..............	Villette.	
11	Rouge (Passage)...............	Pl. Trône.	
	(Rue du Faubourg-Saint-Antoine, n° 245.)		

ARRON-TIS-SEMENT	NOMS DES RUES, PLACES, BOULEVARDS, ETC.	BUREAU DISTRIBUTEUR.	
9	ROUGEMONT (Rue de)............	St-Cécile.	
1	ROULE (Rue du)................	Av. Napoléon.	
17	ROUSSEL (Rue)................	B. Courcelles.	
7	ROUSSELET (Rue).............	Central.	
15	ROUSSIN (Rue) :		
	1, 2 à 75, 72............	Grenelle.	
	77, 74 à fin............	Vaugirard.	
20	ROUTY (Impasse).............	Belleville.	
19	ROUVET (Rue)................	Villette.	
17	ROUX (Impasse).............	Ternes.	
8	ROVIGO (Rue)................	B. Courcelles.	
8	ROY (Rue)...................	Pl. Havre.	
1	ROYAL (Pont)...............	Saints-Pères.	
3-4	ROYALE (Place).............	R. de Lyon.	
8	ROYALE (Rue) :		
	1, 2 à 14, 17...........	R. Boissy.	
	16, 19 à fin...........	Madeleine.	
5	ROYER-COLLARD (Rue, impasse)....	Sénat.	
13	RUBENS (Rue)	Gobelins.	
16	RUDE (Rue)................	Ternes.	
13	RUDEL (passage)............ (Route de Choisy, n° 5.)	Gobelins.	
18	RUELLE (Passage)...........	Av. Clichy.	

ARRON-DIS-SEMENT.	NOMS DES RUES, PLACES, BOULEVARDS, ETC	BUREAU DISTRIBUTEUR.
8	Ruffin (Passage, impasse)........	Ch.-Élysées.
18	Ruisseau (Rue, chemin du).......	Montmartre.
8	Russe (Chapelle)..............	B. Courcelles.
7	Russie (Ambassade de)......... (Rue de Grenelle-Saint-Germain , n° 79.)	Central.
12	Ruty (Rue).................	Pl. Trône.

S

12	Sabatier (Cour)..............	Bercy.
14	Sablière (Rue de la)...........	Montrouge.
12	Sablière-Bercy (Rue de la).......	Bercy.
15	Sablonnière (Rue de la)........	Grenelle.
16	Sablons (Rue des)............	Passy.
17	Sablonville (Porte de).........	Ternes.
6	Sabot (Rue du).............	Saints-Pères.
7	Sacré-Coeur (Couvent du).......	Central.
17	Saïd (Villa).................	Ternes.
15	Saïda (Impasse)..............	Vaugirard.
16	Saïgon (Rue de).............	Ternes.
3	Saintonge (Rue de) :	
	1, 2 à 33, 32...........	Vieilles-Haud.
	35, 34 à fin...........	Chât.-d'Eau.
17	Salneuve (Rue).............	Av. Clichy.

ARRON-DIS-SEMENT.	NOMS DES RUES, PLACES, BOULEVARDS, ETC.	BUREAU DISTRIBUTEUR.	
3	Salomon-de-Caus (Rue).........	P. St-Denis.	
4	Salpêtres (Raffinerie, cour des)...	R. de Lyon.	
13	Salpêtrière (Hospice de la)	G. d'Orléans.	
19	Sambre (Quai de la)...........	Villette.	
20	Samson (Impasse)	Belleville.	
13	Samson (Rue)...............	Gobelins.	
9	Sandrié (Impasse)............	Gr.-Hôtel.	
13	Santé (Impasse de la)..........	Halle Cuirs.	
18	Santé (Impasse de la)	Montmartre.	
10	Santé (Maison municipale de)....	R. de Strasb.	
13-14	Santé (Rue, avenue de la).......	Montrouge.	
5	Santeuil (Rue)..............	Halle Cuirs.	
14	Sarrasin (Rue)	Montrouge.	
1	Sartine (Rue de)	H. Postes.	
20	Satan (Impasse)..............	Prince-Eug.	
14	Saturne (Impasse). .... (Chemin des Prêtres, n° 21.)	Montrouge.	
17	Saucié-Leroy (Rue)...........	Ternes.	
17	Sauffroy (Rue, passage)..	Av. Clichy.	
18	Saules (Rue, impasse des)	Montmartre.	
9	Saulnier (Passage)............	Ste-Cécile.	
2	Saumon (Passage du)..........	H. Postes.	
20	Saumon-Ménilmontant (Imp., pas.).	Belleville.	

ARR.DE DIS-SEMENT.	NOMS DES RUES, PLACES, BOULEVARDS, ETC.	BUREAU DISTRIBUTEUR.	
8	SAUSSAIES (Rue des)............	Madeleine.	
17	SAUSSURE (Rue) :		
	1, 2 à 37, 40............	R. St-Pétersb.	
	39, 42 à fin............	Av. Clichy.	
9	SAUVAGE (Cour du)............	R. Lafayette.	
19	SAUVAGE, (Passage du)	Villette.	
13	SAUVAGE (Rue)...............	G. d'Orléans.	
1	SAUVAL (Rue)..............	H. Postes.	
20	SAVART (Passage).............	Prince-Eug.	
6	SAVOIE (Rue de).............	Pl. St-Michel.	
7-15	SAXE (Avenue, impasse de).......	École milit.	
9	SAY (Rue J.-B.-).............	R. Lafayette.	
16	SCHEFFER (Rue).............	Passy.	
4	SCHOMBERT (Rue)............	R. de Lyon.	
14	SCHOMER (Rue).............	Montrouge.	
12	SCIERIE (Passage de la).........	R. de Lyon.	
5	SCIPION (Boulang., place, hosp., rue).	Halle Cuirs.	
5	SCRIBE (Rue)...............	Gr.-Hôtel.	
1-2-3	SÉBASTOPOL (Boulevard de) :		
	1, 2 à 77, 70............	Halles-Centr.	
	79, 72 à 103, 90.........	H. Postes.	
	105, 93 à fin............	P. St-Denis.	

ARRON-DIS-SEMENT.	NOMS DES RUES, PLACES, BOULEVARDS, ETC.	BUREAU DISTRIBUTEUR.	
19	SÉBASTOPOL (Rue de)............	Villette.	
19	SECRÉTANT (Rue)..............	Belleville.	
11	SEDAINE (Rue) :		
	1, 3 à 67, 60............	R. de Lyon.	
	69, 62 à fin............	Prince-Eug.	
6	SÉGUIER (Rue)..............	Pl. St-Michel.	
18	SÉGUIN (Rue)...............	La Chapelle.	
7	SÉGUR (Avenue de)............	École milit.	
19	SEINE (Quai de la)............	Villette.	
19	SELLEQUE (Cité).............	Belleville.	
6	SÉNAT (Palais du).............	Sénat.	
6	SÉNAT (Rue du) :		
	1, 2, à	Saints-Pères.	
	à fin.............	Sénat.	
7	SENS (Caserne de)............	Central.	
2	SENTIER (Rue du)..............	Bourse.	
5	SEPT-VOIES (Rue des)...........	Sénat.	
9	SÉRAPHIN (Théâtre)............ (Passage Jouffroy.)	Bourse.	
6	SERPENTE (Rue)..............	Pl. St-Michel.	
19	SERRURIER (Boulevard) :		
	1, 2 à	Belleville.	
	à fin.............	Villette.	

ARRONDISSEMENT.	NOMS DES RUES, PLACES, BOULEVARDS, ETC.	BUREAU DISTRIBUTEUR.	
11	SERVAN (Rue)................	Prince-Eug.	
6	SERVANDONI (Rue).............	Sénat.	
3	SÉVIGNÉ (Rue) :		
	1, 2 à 21, 34...............	H. Ville.	
	23, 49 à fin.............	Vieilles-Haud.	
15	SÈVRES (Porte de).............	Grenelle.	
6-7-15	SÈVRES-PARIS (Rue de) :		
	1, 2 à 18, 47............	Saints-Pères.	
	20, 49 à fin............	R. Rennes.	
15	SÈVRES-VAUGIRARD (Passage de)...	Vaugirard.	
8	SÈZE (Rue de)...............	Madeleine.	
10	SIBOUR (Rue)................	R. de Strasb.	
12	SIBUET (Rue).	Pl. Trône.	
9	SIFFLET (Passage).............	R. Lafayette.	
13	SIGAUD (Passage).............	Gobelins.	
18	SIMART (Rue)................	Montmartre.	
11	SIMON (Cour)................ (Rue Louis-Philippe, n° 28.)	R. de Lyon.	
4	SIMON-LE-FRANC (Rue)	H. Ville.	
16	SINGER (Cité, rue)............	Passy.	
4	SINGES (Passage des)	H. Ville.	
13	SOEUR-ROSALIE (Avenue).........	Gobelins.	
5	SOEURS (Impasse des) .... (Rue des Francs-Bourgeois, n° 6.)	Halle Cuirs.	

ARRONDISSEMENT.	NOMS DES RUES, PLACES, BOULEVARDS, ETC.	BUREAU DISTRIBUTEUR.	
19	Soissons (Rue de)...............	Villette.	
8	Soleil-d'Or (Passage, cité du).....	Pl. Havre.	
1-7	Solferino (Pont et rue de).......	Central.	
19	Solitaires (Rue des)...........	Belleville.	
1-2	Soly (Rue).................	H. Postes.	
5	Sommerard (Rue du)...........	Pl. St-Michel.	
15	Sommet-des-Alpes (Rue du).......	Vaugirard.	
19	Sonnerie (Ruelle de la)..........	Belleville.	
20	Sorbier (Rue)...............	Belleville.	
5	Sorbonne (R., pl., église, pass. de la).	Sénat.	
5	Soufflot (Rue)...............	Sénat.	
12	Soulages (Rue)..............	Bercy.	
12	Soult (Boulevard).............	Pl. Trône.	
20	Soupirs (Sentier des)..........	Belleville.	
16	Source-Auteuil (Rue de la)......	Auteuil.	
20	Source-Charonne (Rue de la).....	Belleville.	
1	Sourdière (Rue de la)..........	Pl. Vendôme.	
3	Sourdis (Rue)...............	Vieilles-Haud.	
5	Sourds-Muets (Institution des)....	Sénat.	
16	Spontini (Rue) :		
	1 et 2.................	Ternes.	
	3, 4 à fin..............	Passy.	

ARRON- DIS- SEMENT.	NOMS DES RUES, PLACES, BOULEVARDS, ETC.	BUREAU DISTRIBUTEUR.
16	SQUARE-MONTMORENCY (Rue du)....	Auteuil.
19	STANISLAS (Impasse)............	Villette.
6	STANISLAS (Rue, passage, collége)..	R. Rennes.
19	STEMLER (Passage, cité).........	Belleville.
18	STEPHENSON (Rue).............	La Chapelle.
8	STOCKHOLM (Rue de)...........	Pl. Havre.
10	STRASBOURG (Boulevard de) :	
	1, 2 à 75, 68...........	P. St-Denis.
	77, 70 à fin...........	R. de Strasb.
10	STRASBOURG (Rue, pl., chin de fer de).	R. de Strasb.
16	SUCHET (Boulevard) :	
	1 à 31...............	Passy.
	33 à fin (et nos pairs)......	Auteuil.
19	SUD (Passage du).............	Villette.
7-15	SUFFREN (Avenue de)..........	Ecole milit.
6	SUGER (Rue)................	Pl. St-Michel.
14	SUISSES (Sentier des)..........	Montrouge.
17	SULLEAU (Impasse)............	Ternes.
4	SULLY (Rue, caserne de)........	R. de Lyon.
7	SURCOUF (Rue)..............	Central.
20	SUREAU (Passage du)..........	Belleville.
8	SURESNES (Rue de)............	Madeleine.

ARRON- DIS- SEMENT.	NOMS DES RUES, PLACES, BOULEVARDS, ETC.	BUREAU DISTRIBUTEUR.	
16	SYCOMORES (Avenue des)	Auteuil.	
9	SYNAGOGUE de la rue Lamartine. . . .	R. Lafayette.	
3	SYNAGOGUE de la rue N.-D.-de-Nazareth.	Chât.-d'Eau.	
	SAINTS.		
16	SAINT-ALLAIS (Villa).	Auteuil.	
11	SAINT-AMBROISE (R., imp., pass., église)	Prince-Eug.	
3	SAINT-ANASTASE (Rue)	Vieilles-Haud.	
16	SAINT-ANDRÉ (Avenue).	Auteuil.	
6	SAINT-ANDRÉ (Boulevard).	Pl. St-Michel.	
9	SAINT-ANDRÉ (Église).	R. Lafayette.	
18	SAINT-ANDRÉ (Rue).	Montmartre.	
20	SAINT-ANDRÉ (Rue).	Prince-Eug.	
6	SAINT-ANDRÉ-DES-ARTS (Rue, place).	Pl. St-Michel.	
18	SAINT-ANGE (Place).	La Chapelle.	
12	St-ANTOINE ou DES QUINZE-VINGTS (Église).	R. de Lyon.	
12	SAINT-ANTOINE (Hospice).	Pl. du Trône.	
4	SAINT-ANTOINE (Passage).	R. de Lyon.	
4	SAINT-ANTOINE (Rue) :		
	1, 2 à 125, 140.	H. Ville.	
	127, 142 à fin.	R. de Lyon.	
2	SAINT-ARNAUD (Rue).	Gr.-Hôtel.	
8	SAINT-AUGUSTIN (Église).	Pl. Havre.	

ARRON-DIS-SEMENT.	NOMS DES RUES, PLACES, BOULEVARDS, ETC.	BUREAU DISTRIBUTEUR.	
18	Saint-Augustin (Passage).........	Av. Clichy.	
6	Saint-Benoît (Rue, carrefour, pass.).	Saints-Pères.	
11	Saint-Bernard (Passage).........	R. de Lyon.	
11	Saint-Bernard (Quai)	B.St-Germain.	
5	Saint-Bernard (Rue, impasse).....	Prince-Eug.	
20	Saint-Blaise (Place)...........	Belleville.	
20	Saint-Blaise (Rue)...........	Prince-Eug.	
4	Saint-Bon (Rue)	H. Ville.	
12	Saint-Charles (Impasse)........ (Rue Érard, n° 7.)	G. de Lyon.	
5	Saint-Charles (Pont)..........	Pl.St-Michel.	
15	Saint-Charles (Rue)...........	Grenelle.	
14	Saint-Charles (Sentier, impasse)...	Montrouge.	
19	Saint-Chaumont (Cité)..........	Belleville.	
2	Saint-Chaumont (Cour, passage)... (Rue Saint-Denis, n° 374.)	P. St-Denis.	
3	St-Claude-au-Marais (Rue, impasse).	Chât.-d'Eau.	
16	Saint-Cloud (Porte de)..........	Auteuil.	
18	Saint-Denis (Avenue, église).....	La Chapelle.	
2-3-10	Saint-Denis (Boulevard, porte)....	P. St-Denis.	
1-2	Saint-Denis (Rue):		
	1, 2 à 223, 216.........	Halles Centr.	
	225, 218 à 295, 306.....	H. Postes.	
	297, 308 à fin..........	P. St-Denis.	

ARRONDISSEMENT.	NOMS DES RUES, PLACES, BOULEVARDS, ETC.	BUREAU DISTRIBUTEUR.	
3	SAINT-DENIS-DU-SAINT-SACREMENT (Égl.)..	Vieilles-Haud.	
16	SAINT-DIDIER (Rue)	Passy.	
7	SAINT-DOMINIQUE (Marché).	Central.	
7	SAINT-DOMINIQUE (Passage).	École milit.	
7	SAINT-DOMINIQUE-SAINT-GERMAIN (R.):		
	1, 2 à 39, 52.	Saints-Pères.	
	41, 54 à 201, 176.	Central.	
	203, 178 à fin.	École milit.	
18	SAINT-ÉLEUTHÈRE (Rue).	Montmartre.	
12	SAINT-ÉLOI (Église).	Pl. du Trône.	
11	SAINT-ESPRIT (Cour du) . . . . (Rue du Faubourg-Saint-Antoine.)	R. de Lyon.	
5	SAINT-ESPRIT (Séminaire du)	Sénat.	
5	SAINT-ÉTIENNE-DU-MONT (Rue, église, place, impasse).	B.S\.-Germain.	
9	SAINT-EUGÈNE (Église).	S"-Cécile.	
1	SAINT-EUSTACHE (Impasse).	H. Postes.	
1	SAINT-EUSTACHE (Place, pointe, église)..	Halles Centr.	
20	SAINT-FARGEAU (Rue).	Belleville.	
17	SAINT-FERDINAND (Rue, place, impasse, cité, église).	Ternes.	
15	SAINT-FIACRE (Passage).	Grenelle.	
2	SAINT-FIACRE (Rue)	Bourse.	
4	SAINT-FIACRE-SAINT-MARTIN (Imp.).. (Rue Saint-Martin, n° 79.)	Halles Centr.	
1-8	SAINT-FLORENTIN (Rue).	R. Boissy.	

APPON-DIS-SEMENT.	NOMS DES RUES, PLACES, BOULEVARDS, ETC.	BUREAU DISTRIBUTEUR.
12	SAINT-FRANÇOIS (Cour)............ (Rue Moreau, n° 41.)	R. de Lyon.
18	SAINT-FRANÇOIS (Passage)........	Montmartre.
13	SAINT-FRANÇOIS-DE-SALES (Rue)....	Gobelins.
7	SAINT-FRANÇOIS-XAVIER (Aven., égl.)..	École milit.
9	SAINT-GEORGES (Rue, place).......	R. Lafayette.
17	SAINT-GEORGES (Rue)............	Av. Clichy.
6-7-5	SAINT-GERMAIN (Boulevard) :	
	1, 2 à 45, 54............	B. St-Germain.
	47, 56 à	Pl. St-Michel.
	à	Saints-Pères.
	à fin.......	Central.
8	SAINT-GERMAIN (Chemin de fer de).	Pl. Havre.
6	SAINT-GERMAIN (Marché).........	Saints-Pères.
6	SAINT-GERMAIN-DES-PRÉS (Égl., pl.).	Saints-Pères.
1	SAINT-GERMAIN-L'AUXERROIS (Égl.,pl.)	Av. Napoléon.
1	SAINT-GERMAIN-L'AUXERROIS (Rue)..	Halles-Centr.
20	St-GERMAIN-L'AUXERROIS, Charonne (Égl.)	Prince-Eug.
4	SAINT-GERVAIS (Église, impasse)...	H. Ville.
3	SAINT-GILLES (Rue)............	R. de Lyon.
9	SAINT-GUILLAUME (Cour, passage)..	R. Lafayette.
1	SAINT-GUILLAUME (Passage).......	Av. Napoléon.
7	SAINT-GUILLAUME (Rue)....	Saints-Pères.

ARRONDISSEMENT.	NOMS DES RUES, PLACES, BOULEVARDS, ETC.	BUREAU DISTRIBUTEUR.	
9	Saint-Hilaire (Cour)...............	R. Lafayette.	
19	Saint-Hilaire (Passage)..........	Villette.	
5	Saint-Hilaire (Rue).............	Sénat.	
13	Saint-Hippolyte (Passage)........	Gobelins.	
13	Saint-Hippolyte (Rue, carrefour)..	Halle Cuirs.	
16	Saint-Hippolyte-Passy (Rue).....	Passy.	
1	Saint-Honoré (Marché)..........	Pl. Vendôme.	
1	Saint-Honoré (Rue du Cloître-)...	Av. Napoléon.	
1-8	Saint-Honoré (Rue) :		
	1, 2 à 77, 52............	Halles-Centr.	
	79, 54 à 197, 298........	Av. Napoléon.	
	199, 300 à 261, 378.....	Pl. Vendôme.	
	263, 380 à fin..........	R. Boissy.	
1	Saint-Hyacinthe-Saint-Honoré (Rue)	Pl. Vendôme.	
11	Saint-Irénée (Rue)............	Prince-Eug.	
13-14	Saint-Jacques (Boulevard)........	Montrouge.	
11	Saint-Jacques (Cour)...........	R. de Lyon.	
17	Saint-Jacques (Passage).........	Av. Clichy.	
5	Saint-Jacques (Place)...........	Sénat.	
5	Saint-Jacques (Rue) :		
	1, 2 à 105, 110..........	Pl. St-Michel.	
	107, 112 à fin...........	Sénat.	

ARRON-DIS-SEMENT.	NOMS DES RUES, PLACES, BOULEVARDS, ETC.	BUREAU DISTRIBUTEUR.	
5	SAINT-JACQUES-DU-HAUT-PAS (Église).	Sénat.	
19	St-JACQUES-ET-St-CHRISTOPHE (Église).	Villette.	
4	SAINT-JEAN (Place, marché)......	H. Ville.	
17	SAINT-JEAN (Rue).............	Av. Clichy.	
19	SAINT-JEAN-BAPTISTE, Belleville (Église).	Belleville.	
15	SAINT-JEAN-BAPTISTE, Grenelle (Égl.)	Grenelle.	
5	SAINT-JEAN-DE-BEAUVAIS (Rue).....	Pl. St-Michel.	
5	SAINT-JEAN-DE-LATRAN (Rue, pass.)..	Pl. St-Michel.	
3	SAINT-JEAN-SAINT-FRANÇOIS (Église).	Vieilles-Haud.	
11	SAINT-JOSEPH (Cour)............ (Rue de Charonne, n° 3.)	R. de Lyon.	
10	SAINT-JOSEPH (Église)............	Chât.-d'Eau.	
2	SAINT-JOSEPH (Rue, marché)......	Bourse.	
11	SAINT-JULES (Rue).............	Pl. du Trône.	
5	SAINT-JULIEN-LE-PAUVRE (Rue, égl.).	Pl. St-Michel.	
15	SAINT-LAMBERT (Rue, église, place).	Vaugirard.	
4	SAINT-LANDRY (Rue, impasse)......	Pl. St-Michel.	
10	SAINT-LAURENT (Impasse, cité)..... (Boulevard Bonne-Nouvelle, n° 22.)	P. St-Denis.	
10	SAINT-LAURENT (Marché).........	G. du Nord.	
10	SAINT-LAURENT (Rue, église)......	R. de Strasb.	
9-8	SAINT-LAZARE (Rue) :		
	1, 2 à 77, 68.............	R. Lafayette.	
	79, 70 à fin.............	Pl. Havre.	

ARRONDISSEMENT.	NOMS DES RUES, PLACES, BOULEVARDS, ETC.	BUREAU DISTRIBUTEUR.	
10	SAINT-LAZARE (Impasse, prison)....	R. de Strasb.	
1	SAINT-LEU-SAINT-GILLES (Église)....	Halles-Centr.	
10	SAINT-LOUIS (Cour)... .... (Rue du Faubourg-du-Temple, n° 121.)	Chât.-d'Eau.	
4	SAINT-LOUIS (Cour, passage).......	R. de Lyon.	
8	SAINT-LOUIS (Cour) .... (Rue de la Pépinière, n° 42.)	Pl. Havre.	
10	SAINT-LOUIS (Hôpital)...........	Chât.-d'Eau.	
17	SAINT-LOUIS (Impasse, passage)....	R. St-Pétersb.	
6	SAINT-LOUIS (Lycée)............	Sénat.	
20	SAINT-LOUIS (Passage)	Belleville.	
12	SAINT-LOUIS (Rue)............	Bercy.	
9	SAINT-LOUIS-D'ANTIN (Église)......	Pl. Havre.	
7	SAINT-LOUIS DES-INVALIDES (Église)..	Central.	
4	SAINT LOUIS-EN-L'ÎLE (Rue, casne, égl.)	B.St-Germain.	
11	SAINT-LOUIS-St-ANTOINE (Pass., imp.).	R. de Lyon.	
4	SAINT-LOUIS-SAINT-PAUL (Passage)..	R. de Lyon.	
4	SAINT-LUC (Rue).	La Chapelle.	
12	SAINT-MANDÉ (Avenue, porte de)...	Pl. du Trône.	
2	SAINT-MARC (Rue, galerie, carrefour).	Bourse.	
13-5	SAINT-MARCEL (Boulevard) :		
	1, 2 à 19, 18...........	G. d'Orléans.	
	21, 20 à fin	Halle Cuirs.	
13	SAINT-MARCEL (Rue, théâtre)......	Halle Cuirs.	

ARRON-DIS-SEMENT.	NOMS DES RUES, PLACES, BOULEVARDS, ETC.	BUREAU DISTRIBUTEUR.	
13	SAINT-MARCEL, Gentilly (Église)....	Gobelins.	
13	SAINT-MARCEL, Paris (Église)......	G. d'Orléans.	
3-10	SAINT-MARTIN (Boulevard) :		
	1 à 35................	Chât-d'Eau.	
	37, 2 à fin............	P. St-Denis.	
10-11	SAINT-MARTIN (Canal)...........	R. de Strasb.	
10	SAINT-MARTIN (Église)...........	Chât.-d'Eau.	
3-10	SAINT-MARTIN (Porte, cité, cour, impasse, marché).	P. St-Denis.	
4-3	SAINT-MARTIN (Rue) :		
	1, 2 à 231, 248...........	Halles-Centr.	
	250, 233 à 259, 272......	H. Postes.	
	261, 274 à fin...........	P. St-Denis.	
20	SAINT-MARTIN (Rue)............	Belleville.	
18	SAINT-MATTHIEU (Rue)...........	La Chapelle.	
11	SAINT-MAUR (Cité).............	Prince-Eug.	
10	SAINT-MAUR (Cour).............	Chât.-d'Eau.	
6	SAINT-MAUR (Marché)..........	R. Rennes.	
11-10	SAINT-MAUR-POPINCOURT (Rue) :		
	1, 2 à 69, 100...........	Prince-Eug.	
	71, 102 à fin...........	Chât.-d'Eau.	
11	SAINT-MAURICE (Passage)........	Prince-Eug.	
5	SAINT-MÉDARD (Église, carrefour)...	Halle Cuirs.	

ARRONDIS-SEMENT.	NOMS DES RUES, PLACES, BOULEVARDS, ETC.	BUREAU DISTRIBUTEUR.	
14	SAINT-MÉDARD (Rue).............	Montrouge.	
4	SAINT-MERRY (Église, hospice).....	H. Ville.	
5-6	SAINT-MICHEL (Boulevard) :		
	1, 2 à 25, 28..............	Pl. St-Michel.	
	27, 30 à fin.............	Sénat.	
17	SAINT-MICHEL (Église, pass., villa)..	Av. Clichy.	
5-6	SAINT-MICHEL (Place, quai, pont)...	Pl. St-Michel.	
8	SAINT-NICOLAS (Chapelle).........	Ch.-Élysées.	
12	SAINT-NICOLAS (Cour)........... (Rue de Reuilly, 45.)	Pl. Trône.	
3-10	SAINT-NICOLAS (Impasse, passage)...	P. St-Denis.	
19	SAINT-NICOLAS (Impasse, passage)...	Villette.	
1	SAINT-NICOLAS (Port)...........	Av. Napoléon.	
	SAINT-NICOLAS-DES-CHAMPS (Église).	Vieilles-Haud.	
5	SAINT-NICOLAS-DU-CHARDONNET (Église, place, séminaire).	B.St-Germain.	
12	SAINT-NICOLAS-SAINT-ANTOINE (Rue).	R. de Lyon.	
17-18	SAINT-OUEN (Avenue de)	Av. Clichy.	
19	SAINT-OUEN (Chemin de)........	Villette.	
18	SAINT-OUEN (Porte de)..........	Av. Clichy.	
17	SAINT-PAUL (Passage)...........	Av. Clichy.	
4	SAINT-PAUL (Port)	H. Ville.	
4	SAINT-PAUL (Rue)..............	R. de Lyon.	
14	SAINT-PAUL (Rue)..............	Montrouge.	

ARBON-DIS-SEMENT.	NOMS DES RUES, PLACES, BOULEVARDS, ETC.	BUREAU DISTRIBUTEUR.
15	SAINT-PAUL (Rue)..............	Grenelle.
4	SAINT-PAUL-SAINT-LOUIS (Église)....	H. Ville.
8	SAINT-PÉTERSBOURG (Rue de)......	R. St-Pétersb.
16	SAINT-PHILIBERT (Avenue)........	Passy.
8	SAINT-PHILIPPE (Cour)...........	Ch.-Élysées.
2	SAINT-PHILIPPE-BONNE-NOUVELLE (R.).	P. St-Denis.
8	SAINT-PHILIPPE-DU-ROULE (Égl., pass.)	Ch.-Élysées.
12	SAINT-PIERRE (Cour)............. (Chemin de Reuilly.)	Bercy.
14	SAINT-PIERRE (Église)...........	Montrouge.
18	SAINT-PIERRE (Église, place)......	Montmartre.
18	SAINT-PIERRE (Impasse, passage)...	R. St-Pétersb.
12	SAINT-PIERRE (Passage)........ .... (Rue de Charenton, n° 160.)	G. de Lyon.
15	SAINT-PIERRE ou DES FAVORITES (Rue)	Vaugirard.
7	SAINT-PIERRE (Villa)...............	Central.
11	SAINT-PIERRE-AMELOT (Rue).......	Chât.-d'Eau.
16	SAINT-PIERRE DE CHAILLOT (Église)..	Ch.-Élysées.
7	SAINT-PIERRE DU GROS-CAILLOU (Égl.).	Central.
3	SAINT-PIERRE-AU-MARAIS (Impasse)..	R. de Lyon.
11	SAINT-PIERRE-MÉNILMONTANT (pass.).	Chât.-d'Eau.
11	SAINT-PIERRE-DU-TEMPLE (Passage)..	Chât.-d'Eau.
4	SAINT-PIERRE-St-ANTOINE (R., pass.).	R. de Lyon.
6	SAINT-PLACIDE (Rue)	R. Rennes.

ARRON- DIS- SEMENT.	NOMS DES RUES, PLACES, BOULEVARDS, ETC.	BUREAU DISTRIBUTEUR.	
10	SAINT-QUENTIN (Rue, marché).....	G. du Nord.	
1	SAINT-ROCH (Passage)............	Av. Napoléon.	
1	SAINT-ROCH (Rue, église)........	Pl. Vendôme.	
6	SAINT-ROMAIN (Rue).............	R. Rennes.	
18	SAINT-RUSTIQUE (Rue)..........	Montmartre.	
11	SAINT-SABIN (Rue, ruelle, passage)..	R. de Lyon.	
2	SAINT-SAUVEUR (Rue, impasse).....	H. Postes.	
11	SAINT-SÉBASTIEN (Rue, pass., imp.).	Chât.-d'Eau.	
5-6	SAINT-SÉVERIN (Rue, pass., église)..	Pl. St-Michel.	
2	SAINT-SPIRE (Rue).............	P. St-Denis.	
19	SAINT-STANISLAS (Impasse)........	Villette.	
6	SAINT-SULPICE (Rue, pl., égl., sémin.) (Rue de Meaux, n° 6.)	Sénat.	
7	SAINT-THOMAS-D'AQUIN (R., pl., égl.)	Saints-Pères.	
6	St-THOMAS-DE-VILLENEUVE (Couvent).	Saints-Pères.	
14	SAINT-VICTOR (Cité).............	Montrouge.	
18	SAINT-VICTOR (Impasse).........	Montmartre.	
5	SAINT-VICTOR (Rue, caserne)......	B.St-Germain.	
18	SAINT-VINCENT (Rue)...........	Montmartre.	
6	SAINT-VINCENT-DE-PAUL (Chapelle)...	R. Rennes.	
10	SAINT-VINCENT-DE-PAUL (Rue, égl.)..	G. du Nord.	
14	SAINT-YVES (Rue)..............	Montrouge.	
6-7	SAINTS-PÈRES (Rue, port des)......	Saints-Pères.	

ARRON-DIS-SEMENT.	NOMS DES RUES, PLACES, BOULEVARDS, ETC.	BUREAU DISTRIBUTEUR.	
20	Saints-Simoniens (Passage des)	Belleville.	
	SAINTES.		
14	Sainte-Agnès (Rue).	Montrouge.	
14	Sainte-Alice (Rue, villa).	Montrouge.	
18	Sainte-Anne (Cité).	La Chapelle.	
2	Sainte-Anne (Passage).	Bourse.	
13	Sainte-Anne (Petite-Rue).	Gobelins.	
1.2	Sainte-Anne (Rue) :		
	1, 2 à 47, 38	Av. Napoléon.	
	49, 40 à fin	Bourse.	
12	Sainte-Anne-Bercy (Rue).	Bercy.	
11	Sainte-Anne-Popincourt (Passage).	R. de Lyon.	
2.3	Sainte-Apolline (Rue).	P. St-Denis.	
3	Sainte-Avoye (Passage).	Vieilles-Haud.	
5	Sainte-Barbe (Collége).	Sénat.	
4	Sainte-Catherine (Marché, place)..	H. Ville.	
20	Sainte-Catherine (Rue, impasse)..	Belleville.	
5	Sainte-Catherine-d'Enfer (Rue)...	Sénat.	
9	Sainte-Cécile (Rue).	Ste-Cécile.	
15	Sainte-Cécile (Rue)	Vaugirard.	
1	Sainte-Chapelle (Rue, cour, église).	Pl. St-Michel.	
16	Sainte-Claire (Rue)	Passy.	

ARRON-DIS-SEMENT.	NOMS DES RUES, PLACES, BOULEVARDS, ETC.	BUREAU DISTRIBUTEUR.	
7	SAINTE-CLOTILDE (Église)..........	Central.	
4	S¹ᵉ-CROIX-DE-LA-BRETONNERIE (Rue, pass.)	H. Ville.	
17	SAINTE-ÉLISA (Cité)............. (Avenue de Clichy, n° 121.)	Av. Clichy.	
11	SAINTE-ÉLISABETH (Cour)......... (Rue Louis-Philippe, n° 47.)	R. de Lyon.	
18	SAINTE-ÉLISABETH (Impasse, passage).	Montmartre.	
3	SAINTE-ÉLISABETH (Rue, église)....	Chât.-d'Eau.	
14	SAINTE-ÉLISABETH (Rue).........	Montrouge.	
15	SAINTE-EUGÉNIE (Avenue)........	Vaugirard.	
12	SAINTE-EUGÉNIE (Hospice)........	G. de Lyon.	
14	SAINTE-EUGÉNIE (Rue, impasse)....	Montrouge.	
18	SAINTE-EUGÉNIE (Rue)...........	Montmartre.	
18	SAINTE-EUPHRASIE (Rue).........	Montmartre.	
15	SAINTE-FÉLICITÉ (Impasse).......	Vaugirard.	
2	SAINTE-FOY (Rue, passage)........	P. St-Denis.	
5	SAINTE-GENEVIÈVE (Église, biblioth.).	Sénat.	
19	SAINTE-GENEVIÈVE (Rue)........	Belleville.	
18	SAINTE-ISAURE (Rue)............	Montmartre.	
14	SAINTE-LÉONIE (impasse)........	Montrouge.	
15	SAINTE-LUCIE (Rue)............	Grenelle.	
11	S¹ᵉ-MARGUERITE-S¹-ANTOINE(Place, église.)	Prince-Eug.	
11	S¹ᵉ-MARGUERITE-S¹-ANTOINE (Rue)...	R. de Lyon.	
17	SAINTE-MARIE (Église)..........	Av. Clichy.	

ARRON-DIS-SEMENT.	NOMS DES RUES, PLACÉS, BOULEVARDS, ETC.	BUREAU DISTRIBUTEUR.	
15	SAINTE-MARIE (Rue).............	Grenelle.	
18	SAINTE-MARIE (Rue, place, impasse).	Montmartre.	
4	SAINTE-MARIE (Temple calviniste de)	R. de Lyon.	
14	SAINTE-MARIE-PLAISANCE (Avenue)..	Montrouge.	
10	SAINTE-MARIE-POPINCOURT (Passage). (Rue Saint-Maur, n° 222.)	Chât.-d'Eau.	
11	Ste-MARIE-St-Antne ou THIERRÉ (Pass., cour).	R. de Lyon.	
7	SAINTE-MARIE-SAINT-GERMAIN (Pass.).	Central.	
4	SAINTE-MARINE (Rue, impasse).....	Pl. St-Michel.	
6	SAINTE-MARTHE (Rue)	Saints-Pères.	
10	SAINTE-OPPORTUNE (Impasse)......	Chât.-d'Eau.	
1	SAINTE-OPPORTUNE (Place, rue)....	Halles-Centr.	
5	SAINTE-PÉLAGIE (Prison de)	B.St-Germain.	
16	Ste-PÉRINE (Pl., maison de retraite de)	Auteuil.	
17	SAINTE-THÉRÈSE (Rue)...........	Av. Clichy.	

T

1	TABACS (Administration des)....... (Ministère des Finances.)	Pl. Vendôme.	
7	TABACS (Manufacture des).......	Central.	
12	TABACS (Manufacture de Reuilly)...	Bercy.	
4	TACHERIE (Rue de la)...........	H. Ville.	
11	TAILLANDIERS (Rue des)	R. de Lyon.	
11	TAILLEBOURG (Avenue de).........	Pl. du Trône.	

ARRONDISSEMENT.	NOMS DES RUES, PLACES, BOULEVARDS, ETC.	BUREAU DISTRIBUTEUR.	
4	TAILLE-PAIN (Rue).............	H. Ville.	
9	TAITBOUT (Rue) :		
	1, 2 à 39, 44..........	Bourse.	
	41, 46 à fin...........	R. Lafayette.	
15	TALMA (Cité)................ (Rue des Fourneaux.)	R. Rennes.	
16	TALMA (Rue)................	Passy.	
19	TANGER (Rue de)..............	Villette.	
6	TARANNE (Rue)...............	Saints-Pères.	
17	TARBÉ (Rue)	Av. Clichy.	
18	TARDIEU (Rue)...............	Montmartre.	
8	TATTERSALL (Le). ...'..........	Ch.-Élysées.	
8	TÉHÉRAN (Rue de)............	B. Courcelles.	
20	TÉLÉGRAPHE (Rue du)...........	Belleville.	
7	TÉLÉGRAPHES (Administration des)..	Central.	
11-3	TEMPLE (Boulev., marché, square du)	Chât.-d'Eau.	
4-3	TEMPLE (Rue du) :		
	1, 2 à 63, 58..........	H. Ville.	
	65, 60 à 165, 162......	Vieilles-Haud.	
	167, 164 à fin..........	Chât.-d'Eau.	
9	TEMPLE protestant (rue Chauchat)..	Bourse.	
17	TEMPLE protestant des Batignolles..	R. St-Pétersb.	
17	TEMPLE protestant (Batignolles).... (Rue Dulong, n° 55.)	Av. Clichy.	

ARRON-DIS-SEMENT.	NOMS DES RUES, PLACES, BOULEVARDS, ETC.	BUREAU DISTRIBUTEUR.
14	TENAILLE (Impasse)...............	Montrouge.
11	TERNEAUX (Rue).......	Prince-Eug.
17	TERNES (Avenue, place, cité, porte des)	Ternes.
17	TERRAGE (Rue du)	R. de Strasb.
17	TERRASSE (Rue de la)............	B. Courcelles.
13	TERRES-AU-CURÉ (Sentier des)	Gobelins.
12	TERRES-FORTES (Rue des)........	R. de Lyon.
14	TERRIER-AUX-LAPINS (Rue du)	Montrouge.
18	TERTRE (Place, impasse du).......	Montmartre.
15	TESSIER (rue)...................	Vaugirard.
16	THIAUX (Passage)............... (Rue de Chaillot, n° 59.)	Ch.-Élysées.
14	THÉÂTRE (Passage du)...........	R. Rennes.
15	THÉÂTRE-GRENELLE (R., pass., pourtour du)	Grenelle.
18	THÉÂTRE-MONTMARTRE (R., cité, av.du)	Montmartre.
	THÉÂTRES.	
10	— Ambigu Comique...........	P. St-Denis.
17	— Batignolles................	R. St-Pétersb.
20	— Belleville.................	Belleville.
4	— Beaumarchais..............	R. de Lyon.
2	— Bouffes-Parisiens...........	Bourse.
11	— Cirque Napoléon...........	Chât.-d'Eau.
8	— Cirque de l'Impératrice.......	R. Boissy.

ARRON-DIS-SEMENT.	NOMS DES RUES, PLACES, BOULEVARDS, ETC.	BUREAU DISTRIBUTEUR.	
	THÉÂTRES. (Suite.)		
10	— Cirque du Prince-Impérial.....	Chât.-d'Eau.	
1	— Châtelet..................	Halles-Centr.	
6	— Cluny ou Folies-Saint-Germain. .	Pl. St-Michel.	
3	— Déjazet..................	Chât.-d'Eau.	
8	— Diorama historique.	R. Boissy.	
11	— Folies-Dramatiques....... ...	Chât.-d'Eau.	
8	— Folies-Marigny...............	R. Boissy.	
6	— Folies-Saint-Germain ou Cluny.	Pl. St-Michel.	
1	— Français..................	Av. Napoléon.	
3	— Gaîté....................	P. St-Denis.	
15	— Grenelle.................	Grenelle.	
10	— Gymnase-Dramatique........	P. St-Denis.	
1	— Impérial du Châtelet.........	Halles-Centr.	
2	— Italiens..................	Bourse	
10	— Lafayette.................	R. de Strasb.	
6	— Luxembourg...............	Sénat.	
4	— Lyrique..................	Halles-Centr.	
9	— Lyrique (École)...........	R. Lafayette.	
18	— Montmartre................	Montmartre.	
14	— Montparnasse..............	R. Rennes.	
6	— Odéon...................	Sénat.	

ARRON- DIS- SEMENT.	NOMS DES RUES, PLACES, BOULEVARDS, ETC.	BUREAU DISTRIBUTEUR.	
	THÉÂTRES. (Suite.)		
9	— Opéra.................	Bourse.	
9	— Opéra (Nouvel).............	Gr.-Hôtel.	
2	— Opéra-Comique............	Bourse.	
1	— Palais-Royal.............	Av. Napoléon.	
10	— Porte-Saint-Martin..........	P. St-Denis.	
9	— Robert-Houdin............	Bourse.	
13	— Saint-Marcel.............	Halle Cuirs.	
9	— Séraphin................	Bourse.	
2	— Variétés................	Bourse.	
2	— Vaudeville..............	Bourse.	
1	THÉÂTRE-FRANÇAIS (Galerie du) .... (Palais-Royal.)	Av. Napoléon.	
5	THÉNARD (Rue)	Pl. St-Michel.	
5	THÉOLOGIE (École de) (Sorbonne)..	Sénat.	
1	THÉRÈSE (Rue).............	Av. Napoléon.	
5	THERMES (Musée, square des).....	Pl. St-Michel.	
14	THERMOPYLES (Passage des)......	Montrouge.	
2	THÉVENOT (Rue).............	P. St-Denis.	
14	THIBAUD (Rue).............	Montrouge.	
15	THIBOUMERY (Rue)...........	Vaugirard.	
11	THIERRÉ (Passage)...........	R. de Lyon.	
19	THIERRY (Rue)	Belleville.	

ARRON-DIS-SEMENT.	NOMS DES RUES, PLACES, BOULEVARDS, ETC.	BUREAU DISTRIBUTEUR.	
13	THIERS (Rue)................	Gobelins.	
19	THIONVILLE (Rue, impasse de).....	Villette.	
18	THOLOZÉ (Rue)...............	Montmartre.	
3	THORIGNY (Rue, place)..........	Vieilles-Haud.	
5	THOUIN (Rue)................	Sénat.	
13	TIERS (Rue).................	Gobelins.	
16	TILLEULS-AUTEUIL (Avenue des) ...	Auteuil.	
18	TILLEULS-MONTMARTRE (Avenue des).	Montmartre.	
8-17	TILSITT (Rue de) :		
	1, 2 à	Ch.-Élysées.	
	(Projetée) à fin..........	Ternes.	
2	TIMBRE impérial (Admin^{on} du).....	Bourse.	
15	TIPHAINE (Rue)...............	Grenelle.	
1-2	TIQUETONNE (Rue).............	H. Postes.	
1	TIRECHAPPE (Rue).............	Halles-Centr.	
4	TIRON (Rue).................	H. Ville.	
13	TITIEN (Rue du)	Gobelins.	
9	TIVOLI (Rue, place, passage)......	Pl. du Havre.	
12	TOCANIER (Passage)............	Pl. du Trône.	
1	TOILES (Halle aux). .... (Halle aux Blés.)	H. Postes.	
13	TOLBIAC (Rue de) : 1, 2 à ...	G. d'Orléans.	
	à fin..............	Gobelins.	

ARRON-DIS-SEMENT.	NOMS DES RUES, PLACES, BOULEVARDS, ETC.	BUREAU DISTRIBUTEUR.	
14	TOMBE-ISSOIRE (Rue, impasse de la).	Montrouge.	
1	TONNELLERIE (Rue de la)........	Halles-Centr.	
18	TORCY (Rue, place).............	La Chapelle.	
17	TORRICELLI (Rue)..............	B. Courcelles.	
20	TOUGAT (Cité)................	Belleville.	
5	TOULIER (Rue)...............	Sénat.	
16	TOUR (Rue de la)..............	Passy.	
9	TOUR-D'AUVERGNE (Rue de la) :		
	1, 2 à	G. du Nord.	
	à fin.............	R. Lafayette.	
9	TOUR-DES-DAMES (Rue de la)......	R. Lafayette.	
4	TOUR-SAINT-JACQUES (Square de la).	Halles-Centr.	
14	TOUR-DE-VANVES (R., pass., imp. de la)	Montrouge.	
5	TOURAINE (Rue de)............. (Entrepôt des Vins.)	B.St-Germain.	
20	TOURELLES (Rue des)...........	Belleville.	
18	TOURLAQUE (Rue)..............	Montmartre.	
5	TOURNEFORT (Rue)............	Sénat.	
4-5	TOURNELLE (Quai, pont de la).....	B.St-Germain.	
3-4	TOURNELLES (Rue des)...........	R. de Lyon.	
15	TOURNELLES (Rue des)...........	Vaugirard.	
12	TOURNEUX (Rue des)...........	Bercy.	
6	TOURNON (Caserne de).........	Sénat.	

APROX-LIS-SEMENT.	NOMS DES RUES, PLACES, BOULEVARDS, ETC.	BUREAU DISTRIBUTEUR.	
15	TOURNUS (passage).............	Grenelle.	
20	TOURTILLE (Rue, impasse)........	Belleville.	
7	TOURVILLE (Avenue de).........	Central.	
13	TOUSSAINT-FÉROU (Passage)..... ..	Gobelins.	
6	TOUSTAIN (Rue)...............	Saints-Pères.	
13	TOUTAY (Impasse)..............	Gobelins.	
20	TOUZET (Impasse).............	Belleville.	
2	TRACY (Rue de)...............	P. St-Denis.	
18	TRAGÈRE (Impasse, cité).........	Montmartre.	
16	TRAKTIR (Rue de).............	Ternes.	
15	TRANSIT (Rue du) :		
	1, 2 à 111, 104...........	Vaugirard.	
	113, 106 à fin...........	Montrouge.	
15	TRANSIT-GRENELLE (Route du).....	Grenelle.	
18	TRAVAILLEURS (Passage des).......	Montmartre.	
7	TRAVAUX PUBLICS (Ministère des)...	Central.	
19	TRAVERSALE (Cité).............	Villette.	
7	TRAVERSE (Rue)...............	Central.	
12	TRAVERSIÈRE-St-ANTOINE (Rue, pass.).	G. de Lyon.	
5	TRAVERSINE (Rue)	B.St-Germain.	
8	TREILHARD (Rue).............	B. Courcelles.	
6	TREILLE (Passage de la)	Saints-Pères.	

ARRON-DIS-SEMENT.	NOMS DES RUES, PLACES, BOULEVARDS, ETC.	BUREAU DISTRIBUTEUR.	
18	TRÉTAIGNE (Rue de)............	Montmartre.	
9	TRÉVISE (Rue, cité)............	Sᵗᵉ-Cécile.	
17	TREZEL (Rue).................	Av. Clichy.	
2	TRINITÉ (Passage de la).........	H. Postes.	
9	TRINITÉ (Rue, église, place de la)...	Pl. Havre.	
13	TRIOSON-IVRY (Gare)...........	G. d'Orléans.	
5	TRIPERET (Rue)..............	B.Sᵗ-Germain.	
5	TRIPES (Pont aux)............. (Rue Mouffetard, nº 163.)	Halle Cuirs.	
13	TRIPIÈRE (Rue, impasse, sentier de la)	Gobelins.	
11	TROIS-BORNES (Rue des)........	Chât.-d'Eau.	
12	TROIS-CHANDELLES (Rue, ruelle des).	Bercy.	
20	TROIS-COMMUNES (Place des)......	Belleville.	
11	TROIS-COURONNES (Rue des).......	Chât.-d'Eau.	
5-13	TROIS-COURONNES-Sᵗ-MARCEL (R.des)	Halle Cuirs.	
11	TROIS-FRÈRES (Cour des)........ (Rue du Faubourg-Saint-Antoine, nº 81.)	Rue de Lyon.	
9	TROIS-FRÈRES (Place, cour des)....	R. Lafayette.	
18	TROIS-FRÈRES (Rue, passage des)....	Montmartre.	
1	TROIS-MARIES (Place des)........	Av. Napoléon.	
5	TROIS-PORTES (Rue des),........	Pl. Sᵗ-Michel.	
12	TROIS-SABRES(Rue des)ouDU TROU-À-SABLE	Bercy.	
11	TROIS-SŒURS (Impasse des).......	Prince-Eug.	
14	TROIS-SŒURS (Rue des).........	Montrouge.	

ARRON-DIS-SEMENT.	NOMS DES RUES, PLACES, BOULEVARDS, ETC.	BUREAU DISTRIBUTEUR.	
17	TROIS-SŒURS (Rue des).........	Av. Clichy.	
8-9	TRONCHET (Rue)..............	Madeleine.	
8	TRONÇON-DU-COUDRAY (Rue)......	Madeleine.	
11-12	TRÔNE (Avenue, place, pass., cité du)	Pl. Trône.	
12	TROU-À-SABLE (Rue du) ou DES TROIS-SABRES	Bercy.	
9	TRUDAINE (Avenue)............	R. Lafayette.	
17	TRUFFAULT (Rue) :		
	1, 2 à 65, 74............	R. St-Pétersb.	
	67, 76 à fin............	Av. Clichy.	
16	TUILERIE (Avenue, villa de la)....	Auteuil.	
1	TUILERIES (Quai, palais, jardin des).	Av. Napoléon.	
11	TUNIS (Rue de)...............	Pl. Trône.	
19	TUNNEL (Rue du).............	Belleville.	
2-3	TURBIGO (Rue de) :		
	1, 2 à 43, 36............	Halles-Centr.	
	45, 38 à 53, 50..........	Vieilles-Haud.	
	55, 52 à fin............	Chât.-d'Eau.	
4-3	TURENNE (Rue de) :		
	1, 2 à 27, 22............	R. de Lyon.	
	29, 24 à 103, 92........	Vieilles-Haud.	
	105, 94 à fin...........	Chât.-d'Eau.	
3	TURGOT (École)...........	Chât.-d'Eau.	
	(Rue du Vertbois, n° 17.)		

ARRON-DIS-SEMENT.	NOMS DES RUES, PLACES, BOULEVARDS, ETC.	BUREAU DISTRIBUTEUR.	
9	TURGOT (Rue, cité et place).......	R. Lafayette.	
8	TURIN (Rue de)...............	R. St-Pétersb.	
10	TURQUIE (Ambassade de)........	Ternes.	
	U		
5	ULM (Rue d')...............	Sénat.	
7	UNION (Passage de l')...........	Central.	
15	UNIVERSELLE (Cité)............	Grenelle.	
7	UNIVERSITÉ (Rue de l'):		
	1, 2 à 25, 44............	Saints-Pères.	
	27, 46 à 173, 172........	Central.	
	175, 174 à fin..........	École milit.	
12	URBAIN-MOULIN (Passage)........	G. de Lyon.	
5	URSULINES (Rue des)...........	Sénat.	
15	USINES (Rue des).............	Grenelle.	
	V		
11	VACHERON (Cité).............	Prince-Eug.	
20	VACHES (Chemin des)..........	Belleville.	
20	VACHES (Cour de la Porte-des-)....	Belleville.	
18	VACHES (Marché aux)..........	La Chapelle.	
11	VACQUERIE (Rue).............	Prince-Eug.	
11	VAISSIÈRE (Cour).............	R. de Lyon.	

ARRON-DIS-SEMENT.	NOMS DES RUES, PLACES, BOULEVARDS, ETC.	BUREAU DISTRIBUTEUR.	
7	VALADON (Cité, rue)............	Central.	
5	VAL-DE-GRÂCE (Hôpital du)........	Sénat.	
5	VAL-DE-GRÂCE (Rue du).........	Sénat.	
5	VALENCE (Rue de).............	Halle Cuirs.	
18	VALENCE (Rue de).............	La Chapelle.	
10	VALENCIENNES (Rue, place de).....	G. du Nord.	
1	VALENTINO (Salle)............. (Rue Saint-Honoré, n° 251.)	Pl. Vendôme.	
12	VALLA (Cour)................	Bercy.	
6	VALLÉE (Marché de la)..........	Pl. St-Michel.	
11-10	VALMY (Quai) : (Fait suite au boulevard Richard-Lenoir.)		
	143 à 185..............	Chât.-d'Eau.	
	187 à fin..............	R. de Strasb.	
1	VALOIS (Pl.,pass. galerie,péristyle de) (Palais-Royal.)	Av. Napoléon.	
1	VALOIS (Rue de).............	Av. Napoléon.	
12	VAMPIRE (Cour du)............ (Rue du Faubourg-Saint-Antoine, n° 100.)	R. de Lyon.	
14	VANDAL (Rue, impasse).........	Montrouge.	
14	VANDAMME (Rue).............	R. Rennes.	
13	VANDREZANNE (Rue)...........	Gobelins.	
7	VANNEAU (Rue)..............	Central.	
1	VANNES (Rue de).............	H. Postes.	
14	VANVES (Rue, porte de) (1)........	Montrouge.	

(1) La route de Vanves est desservie par le bureau de Vanves.

ARRONDISSEMENT.	NOMS DES RUES, PLACES, BOULEVARDS, ETC.	BUREAU DISTRIBUTEUR.	
7	VARENNES (Rue de) :	--	
	1, 2 à 27, 34............	Saints-Pères.	
	31, 36 à fin	Central.	
2	VARIÉTÉS (Théâtre, galerie, pass. des)	Bourse.	
19	VATEAUX (Passage)............	Villette.	
7	VAUBAN (Place)..............	Central.	
11	VAUCANSON (Passage)..........	R. de Lyon.	
3	VAUCANSON (Rue).............	P. St-Denis.	
2	VAUDEVILLE (Théâtre du)........	Bourse.	
15	VAUGELAS (Rue).............	Vaugirard.	
15	VAUGIRARD (Boulevard de).......	R. Rennes.	
15	VAUGIRARD (Place de)..........	Vaugirard.	
6-15	VAUGIRARD (Rue de) :		
	1, 2 à 51, 76...........	Sénat.	
	53, 78 à 199, 216........	R. Rennes.	
	201, 218 à fin..........	Vaugirard.	
5	VAUQUELIN (Rue).............	Sénat.	
1	VAUVILLIERS (Rue)............	H. Postes.	
10	VAUXHALL (Cité, passage du).....	Chât.-d'Eau.	
6	VAVIN (Rue, avenue, impasse).....	R. Rennes.	
5	VEAUX (Place, marché aux).......	B.St-Germain.	
3	VENDÔME (Passage)............	Chât.-d'Eau.	

ARRON-DIS-SEMENT.	NOMS DES RUES, PLACES, BOLLEVARDS, ETC.	BUREAU DISTRIBUTEUR.	
1	VENDÔME (Place)	Pl. Vendôme.	
14	VÉNÉRIENS (Hospice des)	Montrouge.	
4	VENISE (Rue, passage de)	H. Ville.	
1	VENTADOUR (Rue)	Av. Napoléon.	
9	VENTES MOBILIÈRES (Hôtel des)	Bourse.	
19	VÉRA-CRUZ (Rue de la)	Belleville.	
9	VERDEAU (Passage)	Bourse.	
16	VERDERET (Rue)	Auteuil.	
19	VERDUN (Impasse)	Villette.	
1	VERDURE (Marché à la) . . . . (Halles Centrales.)	Halles-Centr.	
14	VEREL (Rue et impasse)	Montrouge.	
8	VERNET (Rue)	Ch.-Élysées.	
7	VERNEUIL (Rue de) :		
	1, 2 à 35, 42	Saints-Pères.	
	37, 44 à fin	Central.	
17	VERNIER (Rue)	Ternes.	
1	VÉRO-DODAT (Passage)	H. Postes.	
18	VÉRON (Cité)	R. St-Pétersb.	
18	VÉRON (Rue)	Montmartre.	
13	VERONÈSE (Rue)	Gobelins.	
4	VERRERIE (Rue de la)	H. Ville.	
15	VERSAILLES (Porte de)	Vaugirard.	

ARRON-DIS-SEMENT.	NOMS DES RUES, PLACES, BOULEVARDS, ETC.	BUREAU DISTRIBUTEUR.	
16	Versailles (Route de)............	Auteuil.	
18	Versigny (Rue)...............	Montmartre.	
3	Vertbois (Passage du)...........	P. St-Denis.	
3	Vertbois (Rue du) :		
	1, 2 à 29, 40...........	Chât-d'Eau.	
	31, 42 à fin............	P. St-Denis.	
11	Verte (Allée).................	R. de Lyon.	
14	Verte (Voie-) ou rue du Chemin-Vert.	Montrouge.	
3	Vertus (Passage, rue des).......	Vieilles-Haud.	
18-19	Vertus (R. des) ou d'Aubervilliers.	La Chapelle.	
5	Vesale (Rue)............... ..	Halle Cuirs.	
8	Vézelay (Rue)...............	B. Courcelles.	
14	Viaduc (Rue, octroi du)..........	Montrouge.	
15	Viala (Rue).................	Grenelle.	
11	Viallet (Cité)...............	Prince-Eug.	
1	Viande (Halle à la)............ (Halles Centrales.)	Halles-Centr.	
1	Viarmes (Rue de).............	H. Postes.	
10	Vicq-d'Azyr (Rue).	Chât.-d'Eau.	
9	Victoire (Rue de la) :		
	1, 2 à 77, 78...........	R. Lafayette.	
	79, 80 à fin...........	Pl. Havre.	
1-2	Victoires (Place des)..........	H. Postes.	

ARRON-DIS-SEMENT.	NOMS DES RUES, PLACES, BOULEVARDS, ETC.	BUREAU DISTRIBUTEUR.	
15	VICTOR (Boulevard) :		
	1, 2 à	Grenelle.	
	à fin...........	Vaugirard.	
5	VICTOR-COUSIN (Rue)...........	Sénat.	
4	VICTORIA (Avenue) :		
	1, 2 à 9, 10............	H. Ville.	
	11, 12 à fin...........	Halles-Centr.	
16	VICTORIA (Villa).............	Ternes.	
2	VIDE-GOUSSET (Rue)...........	H. Postes.	
14	VIDUS (Impasse).............	Montrouge.	
13	VIEILLE-DE-LA-CROIX-ROUGE (Rue)...	Gobelins.	
20	VIEILLE-DE-MONTREUIL (Rue)......	Pl. Trône.	
4-3	VIEILLE-DU-TEMPLE (Rue) :		
	1, 2 à 67, 52............	H. Ville.	
	69, 54 à fin............	Vieilles-Haud.	
5	VIEILLE-ESTRAPADE (Rue de la).....	Sénat.	
4	VIEILLES-ÉTUVES-St-MARTIN (R. des).	H. Ville.	
3	VIEILLES-HAUDRIETTES (Rue des)....	Vieilles-Haud.	
6	VIEILLES-TUILERIES (Cour des)..... (Rue du Cherche-Midi, n° 86.)	R. Rennes.	
13	VIEILLESSE (Hospice de la) (femmes).	G. d'Orléans.	
8	VIENNE (Rue de)..............	Pl. Havre.	
7	VIERGE (Rue, passage de la).......	Central.	

ARRON- DIS- SEMENT.	NOMS DES RUES, PLACES, BOULEVARDS, ETC.	BUREAU DISTRIBUTEUR.	
14	VIERGE (Rue, avenue, impasse de la).	Montrouge.	
18	VIEUVILLE (Rue La).	Montmartre.	
6	VIEUX-COLOMBIER (Rue, caserne du).	Saints-Pères.	
3	VIEUX-MARCHÉ-St-MARTIN (Place du).	P. St-Denis.	
2	VIGAN (Passage du).	H. Postes.	
5	VIGNES (Impasse, passage des).	Sénat.	
16	VIGNES-AUTEUIL (Rue des).	Auteuil.	
18	VIGNES-MONTMARTRE (Rue des).	Av. Clichy.	
16	VIGNES-PASSY (Rue des).	Passy.	
11	VIGNÈS (Cour). . . . . (Rue du Faubourg-Saint-Antoine, n° 59.)	R. de Lyon.	
11-20	VIGNOLLES (Rue, ruelle des).	Prince-Eug.	
17	VIGNY (Rue de).	B. Courcelles.	
20	VILIN (Rue). . . . . . . , ...	Belleville.	
15	VILLAFRANCA (Impasse, cité)	Vaugirard.	
16	VILLA SAÏD.	Ternes.	
7	VILLA SAINT-PIERRE	Central.	
7	VILLARS (Avenue de).	Central.	
1	VILLEDO (Rue).	Av. Napoléon.	
15	VILLEFRANCHE (Cité).	Vaugirard.	
3	VILLEHARDOUIN (Rue).	R. de Lyon.	
13	VILLEJUIF (Rue, abattoirs de).	Gobelins.	
16	VILLEJUST (Rue de).	Ternes.	

ARRON- DIS- SEMENT.	NOMS DES RUES, PLACES, BOULEVARDS, ETC.	BUREAU DISTRIBUTEUR.	
8	VILLE-L'ÉVÊQUE (Rue de la)	Madeleine.	
2	VILLE-NEUVE (Rue de la)	P. St-Denis.	
18	VILLERS-MONTMARTRE (Allée de)	Montmartre.	
19	VILLETTE (Bassin de la)	Villette.	
19	VILLETTE (Boulevard de la) :		
	1, 2 à 85, 130 . . . . : .	Belleville.	
	87, 132 à fin	Villette.	
19	VILLETTE (Porte, rotonde de la)	Villette.	
19	VILLETTE (Rue de la)	Belleville.	
17	VILLIERS (Rue, porte de)	Ternes.	
12	VILLIOT (Rue)	G. de Lyon.	
10	VINAIGRIERS (Rue des) :		
	1, 2 à 13, 12	Chât.-d'Eau.	
	15, 14 à fin	R. de Strasb.	
12	VINCENNES (Chemin de fer de)	R. de Lyon.	
12-20	VINCENNES (Cours, avenue, porte de).	Pl. du Trône.	
20	VINCENNES-CHARONNE (Rue de)	Prince-Eug.	
19	VINCENT (Rue)	Belleville.	
12	VINCENT-CARLIER (Cour)	Bercy.	
18	VINCENT-COMPOINT (Rue)	Montmartre.	
1	VINDÉ (Cité)	Madeleine.	
16	VINEUSE (Rue)	Passy.	

ARRONDIS- SEMENT.	NOMS DES RUES, PLACES, BOULEVARDS, ETC.	BUREAU DISTRIBUTEUR.	
1	VINGT-NEUF-JUILLET (Rue du).......	Pl. Vendôme.	
5	VINS (Port aux)...............	B.S' Germain.	
9	VINTIMILLE (Rue, place).........	R. S'-Pétersb.	
10	VIOLET (Passage).............	S''-Cécile.	
15	VIOLET (Rue, place, impasse).....	Grenelle.	
20	VIOLET-BELLEVILLE (Impasse)......	Belleville.	
16	VIRGILE (Rue, avenue).........	Passy.	
15	VIRGINIE-GRENELLE (Rue)........	Grenelle.	
18	VIRGINIE-MONTMARTRE (Rue).......	Montmartre.	
6	VISCONTI (Rue)...............	Saints-Pères.	
16	VITAL (Rue)................	Passy.	
20	VITRUVE (Rue)...............	Prince-Eug.	
13	VITRY (Porte de)..............	G. d'Orléans.	
1-2	VIVIENNE (Rue, passage).........	Bourse.	
5	VOIE-CREUSE (Impasse de la)......	B.S'-Germain.	
14	VOIE-VERTE (Rue de la).........	Montrouge.	
15	VOIE-DE-VANVES (Petite-)........	Vaugirard.	
6	VOLAILLE (Marché à la) et au GIBIER.	Pl. S'-Michel.	
15	VOLONTAIRE (Ruelle)...........	Vaugirard.	
3	VOLTA (Rue) :		
	1, 2 à 11, 12.............	Vieilles-Haud.	
	13, 14 à fin.............	P. S'-Denis.	

ARRON-DIS-SEMENT.	NOMS DES RUES, PLACES, BOULEVARDS, ETC.	BUREAU DISTRIBUTEUR.	
16	VOLTAIRE (Impasse)...............	Auteuil.	
7	VOLTAIRE (Quai)................	Saints-Pères.	
3-4	VOSGES (Rue des)...............	R. de Lyon.	
18	VOSGES-MONTMARTRE (Rue, imp. des).	Montmartre.	
15	VOUILLÉ (Rue de)..............	Vaugirard.	
1	VOÛTE (Passage de la)..........	Av. Napoléon.	
12	VOÛTE-DU-COURS (Chemin, ruelle, rue de la).	Pl. Trône.	
1	VRILLIÈRE (Rue de la)..........	H. Postes.	

W

8-17	WAGRAM (Avenue de) :		
	1, 2 à 81, 66...........	Ternes.	
	83, 68 à fin...........	B. Courcelles.	
17	WAGRAM (Place de).............	B. Courcelles.	
5	WALHUBERT (Place)............	G. d'Orléans.	
15	WATERLOO (Passage de).........	Vaugirard.	
13	WATT (Rue)..................	G. d'Orléans.	
13	WATTEAU (Rue)...............	Gobelins.	
19	WATTIAU (Passage)............	Villette.	
10	WAUXHALL (Cité, passage du)......	Chât.-d'Eau.	
16	WILHEM (Rue)................	Auteuil.	

ARRON-DIS-SEMENT.	NOMS DES RUES, PLACES, BOULEVARDS, ETC.	BUREAU DISTRIBUTEUR.	
	X		
13	Xaintrailles (Rue)............	G. d'Orléans.	
	Y		
12	Yonne (Rue de l').............	Bercy.	
15	Yvart (Rue).................	Vaugirard.	
	Z		
5	Zacharie (Rue, passage).........	Pl. St-Michel.	
15	Zanjiacomi (Rue).............	Vaugirard.	
15	Zouaves (Sentier des).........	Vaugirard.	

NOMENCLATURE SUPPLÉMENTAIRE

DES RUES, BOULEVARDS, PLACES, ETC.

AYANT CHANGÉ DE NOM,

EN VERTU DES DÉCRETS DES 27 FÉVRIER 1867

ET 10 AOÛT 1868,

ET ARRÊTÉS PRÉFECTORAUX DES 26 FÉVRIER 1867 ET 2 AVRIL 1868,

MAIS DONT L'ANCIENNE DÉNOMINATION

POURRAIT ENCORE SE TROUVER EMPLOYÉE.

J.J.

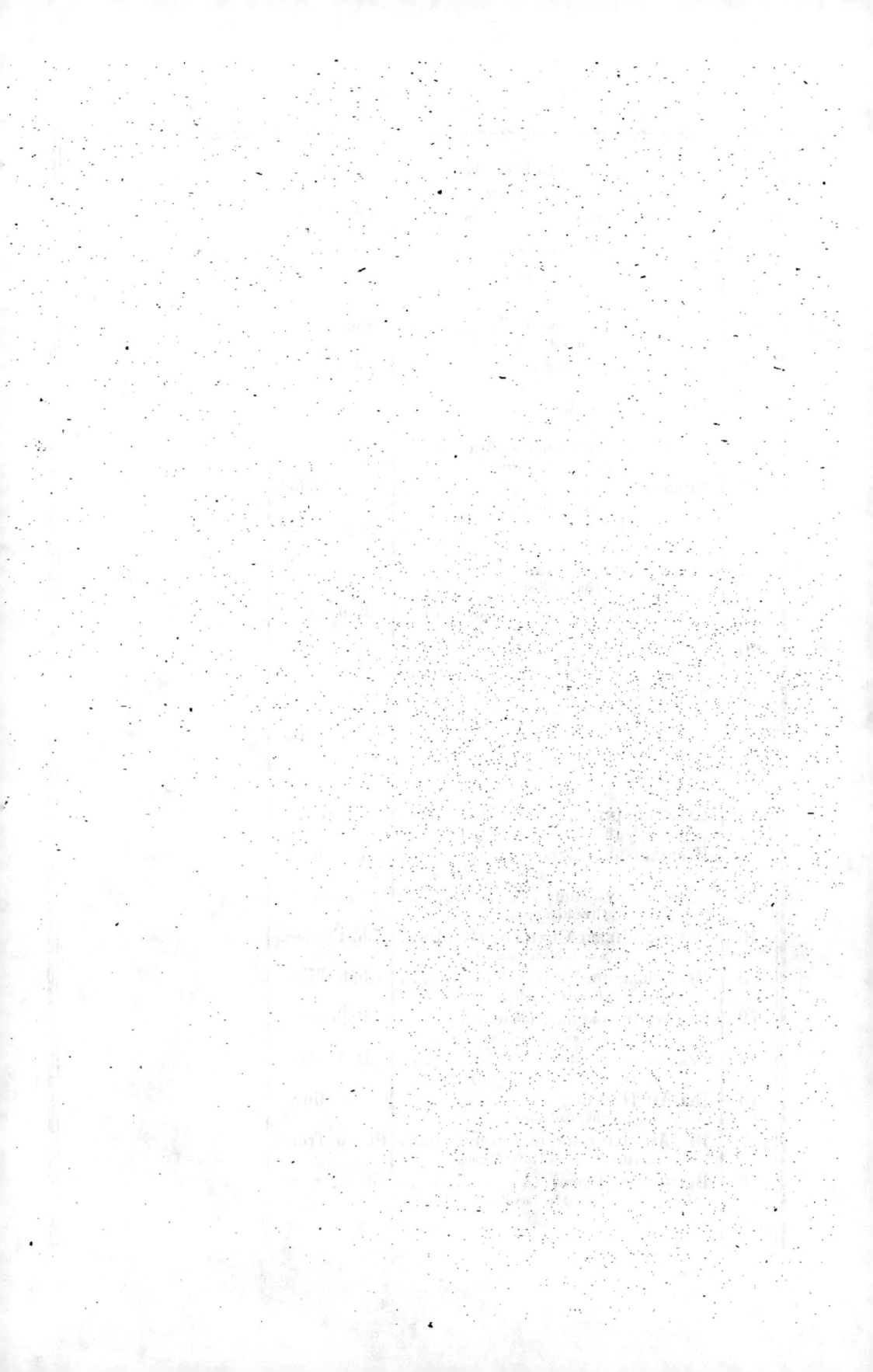

ARRON-DIS-SEMENT.	NOMS DES ANCIENNES RUES, PLACES, ANCIENS BOULEVARDS, ETC. avec leurs nouvelles dénominations.	BUREAU DISTRIBUTEUR.	
18	ABBAYE (Rue, place de l') . . . . (Rue, place des Abbesses.)	Montmartre.	
16	AGUESSEAU (Place d') . . . . (Place d'Auteuil.)	Auteuil.	
16	ALMA (Avenue de l') . . . . (Rue Chanez.)	Auteuil.	
11	AMANDIERS-POPINCOURT (Rue des) . . (Partie de la rue du Chemin-Vert.)	Prince-Eug.	
5	AMBOISE (Impasse d') . . . . (Impasse Maubert.)	Pl. St-Michel.	
3	ANGLAIS (Impasse des) . . . . (Impasse Beaubourg.)	Vieilles-Haud.	
6	ANJOU-DAUPHINE (Rue d') . . . . (Rue de Nesle.)	Saints-Pères.	
19	ARAGO (Rue) . . . . (Rue des Chaufourniers.)	Belleville.	
20	ARTS (Rue des) . . . . (Rue du Liban.)	Belleville.	
18	AUBERVILLIERS (Rue d') . . . . (Partie de la rue de l'Évangile.)	La Chapelle.	
4	BARRÉS-SAINT-PAUL (Rue des) . . . . . (Rue de l'Ave-Maria.)	H. Ville.	
13	BARRIÈRE-DES-GOBELINS (Rue de la) . . (Rue Fagon.)	Gobelins.	
16	BASSE-PASSY (Rue) . . . . (Rue Raynouard.)	Passy.	
16	BASSE-St-PIERRE-CHAILLOT (Rue) . . . . (Rue de la Manutention.)	Ch.-Élysées.	
3	BEAUJOLAIS-DU-TEMPLE (Rue) . . . . . . (Rue de Picardie.)	Chât.-d'Eau.	
19	BEAUNE-BELLEVILLE (Rue de) . . . . . . (Rue des Fêtes.)	Belleville.	
2	BEAUREPAIRE (Rue) . . . . (Partie de la rue Grenétat.)	H. Postes.	
13	BEL-AIR (Rue du) . . . . (Rue Damesmes.)	Gobelins.	
12	BEL-AIR-SAINT-MANDÉ (Avenue du) . . (Partie de l'avenue Saint-Mandé.)	Pl. du Trône.	
18	BELHOMME (Place) . . . . (Emplacement pris par les rues Bervic et Boissieu.)	Montmartre.	

ARRON-DIS-SEMENT.	NOMS DES ANCIENNES RUES, PLACES, ANCIENS BOULEVARDS, ETC. avec leurs nouvelles dénominations.	BUREAU DISTRIBUTEUR.	
19	BELLEVILLE (Rue de)............ (Partie de la rue d'Hautpoul.)	Villette.	
20	BELLEVILLE (Rue Vieille-de-)..... (Partie de la rue Pelleport.)	Belleville.	
17	BÉNARD (Rue)................ (Partie de la rue Boursault, 17e arrondissemt.)	R. St-Pétersb.	
12	BERCY-BERCY (Rue de)........... (Partie de la rue de Bercy actuelle.)	Bercy.	
4	BERCY-SAINT-JEAN (Rue de)....... (Partie de la rue du Roi-de-Sicile.)	H. Ville.	
16	BICHES (Rue des)............. (Partie de la rue des Belles-Feuilles.)	Passy.	
18	BIRON (Rue de)............. (Partie de la rue Labat.)	Montmartre.	
17	BŒUFS (Chemin des).......... (Partie de la rue Marcadet.)	Av. de Clichy.	
18	BON-PUITS (Rue du)........... (Rue de Torcy.)	La Chapelle.	
19	BORDEAUX (Rue de)........... (Partie de la rue de Crimée.)	Villette.	
16	BORNES (Rue des)............ (Partie de la rue des Sablons.)	Passy.	
7	BOUCHERIE-DES-INVALIDES (R. de la).. (Rue Surcouf.)	Central.	
19	BOULOGNE (Rue de)........... (Rue Barbanègre.)	Villette.	
16	BOUQUET-DE-LONGCHAMP (Rue du).. (Rue Bigaud.)	Ch.-Élysées.	
9	BOURSAULT (Rue)............. (Partie de la rue Labruyère.)	R. Lafayette.	
18	BROUILLARDS (Rue, ruelle des)..... (Rue Girardon.)	Montmartre.	
20	CAROLINE (Rue)............. (Partie de la rue Julien-Lacroix.)	Belleville.	
19	CARRIÈRES-DU-CENTRE (R., ch. des).. (Rue du Rhin.)	Villette.	
19	CENTRE (Rue du)............. (Rue du Tunnel.)	Belleville.	
20	CENTRE (Rue du)............. (Partie de la rue de la Réunion.)	Prince-Eug.	

ARRON-DIS-SEMENT.	NOMS DES ANCIENNES RUES, PLACES, ANCIENS BOULEVARDS, ETC. avec leurs nouvelles dénominations.	BUREAU DISTRIBUTEUR.	
15	CHABROL (Rue de)............ (Rue des Usines.)	Grenelle.	
13	CHAMP-DE-L'ALOUETTE (Rue du).... (Rue Corvisart.)	Halle Cuirs.	
12	CHARENTON-BERCY (Rue de)....... (Partie de la rue de Charenton.)	Bercy.	
20	CHARONNE (Rue de)............ (Partie de la rue Pelleport.)	Belleville.	
20	CHÂTEAU (Rue du)............. (Rue Florian.)	Prince-Eug.	
20	CHAUDRON (Rue du)............ (Partie de la rue des Panoyaux.)	Belleville.	
18	CHAUSSÉE DES MARTYRS........... (Partie de la rue des Martyrs.)	Montmartre.	
3	CHAUSSÉE-DES-MINIMES (Rue de la)... (Rue de Béarn.)	R. de Lyon.	
14	CHEM.-DE-FER (Av. ou r. de la Gare du). (Rue de l'Armorique.)	Vaugirard.	
18	CHEM.-DE-FER-DU-NORD ou C.-DU-N. (R. du) (Rue Oudot.)	Montmartre.	
16	CHEMIN-DE-LA-CROIX (Rue du)...... (Rue Eugène-Delacroix.)	Passy.	
16	CHRISTINE (Rue)............... (Rue Léonard-de-Vinci.)	Ternes.	
18	CINQ-MOULINS (Rue des)........ (Rue Stephenson.)	La Chapelle.	
20	CONSTANTINE-BELLEVILLE (Rue de).. (Rue des Maronites.)	Belleville.	
18	CONSTANTINE-LA-CHAPELLE (Rue de).. (Partie de la rue Myrrha.)	La Chapelle.	
6	CONTRESCARPE-S¹-ANDRÉ (Rue)..... (Rue Mazet.)	Pl. S¹-Michel.	
5	CONTRESCARPE-S¹-MARCEL (Rue).... (Partie de la rue du Cardinal-Lemoine.)	B. S¹-Germain.	
12	CROIX-ROUGE (Chemin ou rue de la) :		
	1, 2 à 31, 22.............	Pl. du Trône.	
	33, 24 à fin............. (Partie de la rue Picpus.)	Bercy.	

ARRON-DIS-SEMENT.	NOMS DES ANCIENNES RUES, PLACES, ANCIENS BOULEVARDS, ETC. avec leurs nouvelles dénominations.	BUREAU DISTRIBUTEUR.	
13	CROIX-ROUGE (Rue de la) :		
	1, 2 à 13, 10.............	G. d'Orléans.	
	15, 12 à fin .... (Rue de Domremy.)	Gobelins.	
18	CROIX-DE-L'ÉVANGILE (Rue) ...... (Partie de la rue de l'Évangile.)	La Chapelle.	
8	CROIX-DU-ROULE (Rue de la)...... (Rue Daru.)	B. Courcelles.	
4	CULTURE-SAINTE-CATHERINE (Rue) :		
	1, 2 à 21, 34	H. Ville.	
	23, 36 à fin .... (Rue Sévigné.)	Vieilles-Haud.	
17	DAMES (Rue des)............. (Rue Poncelet.)	Ternes.	
16	DEMI-LUNE (Rue de la)......... (Rue Gudin.)	Auteuil.	
13	DERVILLIERS (Rue)............. (Rue Magendie.).	Halle Cuirs.	
13	DEUX-MOULINS-St-MARCEL (Rue des). (Rue Jenner.)	G. d'Orléans.	
19	DROUIN-QUINTAINE (Rue)......... (Partie de la rue de Puebla.)	Villette.	
19	DUNKERQUE (Rue de) .... (Rue Dampierre.)	Villette.	
17	ÉGLISE-BATIGNOLLES (Place de l')... (Place des Batignolles.)	Av. de Clichy.	
17	ÉGLISE-BATIGNOLLES (Rue de l').... (Partie de la rue des Batignolles.)	R. St-Pétersb.	
12	ÉGLISE-BERCY (Place, impasse de l'). (Place de la Nativité.)	Bercy.	
16	ÉGLISE-PASSY (Rue de l') .... (Rue de l'Annonciation.)	Passy.	
4	ÉTOILE-SAINT-PAUL (Rue de l')..... (Partie de la rue du Fauconnier.)	H. Ville.	

ARRON-DIS-SEMENT.	NOMS DES ANCIENNES RUES, PLACES, ANCIENS BOULEVARDS, ETC. avec leurs nouvelles dénominations.	BUREAU DISTRIBUTEUR.	
4	FEMME-SANS-TÊTE (Rue de la) . . . . . (Partie de la rue Le Regrattier.)	H. Ville.	
10	FILLES-DIEU (Impasse des) . . . . (Impasse Bonne-Nouvelle.)	P. St-Denis.	
5	FONTAINE (Rue de la) . . . . (Rue de la Pitié.)	B. St-Germain.	
1	FONTAINE-MOLIÈRE (Rue de la) . . . . (Rue Molière.)	Av. Napoléon.	
1	FONTAINES (Cour, pass. de la cour des). (Place, passage de Valois.)	Av. Napoléon.	
11	FOSSÉS-DU-TEMPLE (Rue des) . . . . . . (Partie de la rue Amelot.)	Chât.-d'Eau.	
1	FOSSÉS-St-GERM.-L'AUXERROIS (R. des). (Rue Perrault.)	Av. Napoléon.	
5	FOSSÉS-SAINT-MARCEL (Rue des) . . . . (Rue Lebrun.)	Halle Cuirs.	
18	FRANCS-BOURGEOIS (Rue des) . . . . . . (Partie de la rue Séguin.)	La Chapelle.	
15	GAÎTÉ (Chemin de la) . . . . (Rue de Cotentin.)	Vaugirard.	
18	GLACIÈRE-MONTMARTRE (Rue de la) . . (Rue Letort.)	Montmartre.	
10	GRAND-SAINT-MICHEL (Rue du) . . . . . (Rue du Terrage.)	R. de Strasb.	
16	GRANDE-RUE-AUTEUIL . . . . (Rue d'Auteuil.)	Auteuil.	
17-18	GRANDE-RUE-BATIGNOLLES . . . . (Partie de l'avenue de Clichy.)	R. St-Pétersb.	
18	GRANDE-RUE-LA-CHAPELLE . . . . (Rue de la Chapelle.)	La Chapelle.	
16	GRANDE-RUE-PASSY . . . . (Rue de Passy.)	Passy.	
15	GRANDE-RUE-VAUGIRARD . . . . (Partie de la rue de Vaugirard.)	Vaugirard.	
1	GRENELLE-SAINT-HONORÉ (Rue de) . . (Partie de la rue Jean-Jacques-Rousseau.)	H. Postes.	
15	GROULT-D'ARCY (Rue) . . . . (Partie de la rue de l'Abbé-Groult.)	Vaugirard.	
4	GUILLAUME (Rue) . . . . (Rue Budé.)	B. St-Germain.	

ARRON- DIS- SEMENT.	NOMS DES ANCIENNES RUES, PLACES, ANCIENS BOULEVARDS, ETC. avec leurs nouvelles dénominations.	BUREAU DISTRIBUTEUR.	
15	HAUT-TRANSIT (R. du ou r. Hte-du-). (Partie de la rue de l'Abbé-Groult et rue de Vouillé.)	Vaugirard.	
3	HOSPITALIÈRES (Impasse des) . . . . . . (Impasse de Béarn.)	R. de Lyon.	
17	HÔTEL-DE-VILLE-BATIGN. (R.,pl.de l'). (Partie de la rue des Batignolles.)	R. St-Pétersb.	
13	IVRY (Place de la Barrière-d') . . . . . . (Place Pinel.)	Gobelins.	
17	JEANNE-D'ASNIÈRES (Rue) . . . . (Partie de la rue Boursault.)	Av. Clichy.	
10	LAFAYETTE (Impasse, passage) . . . . . (Rue d'Alsace.)	R. de Strasb.	
17	LAMARRE (Rue) . . . . (Rue Fourcroy.)	Ternes.	
12	LENOIR-SAINT-ANTOINE (Rue) . . . . . . (Rue d'Aligre.)	G. de Lyon.	
18	LÉONIE (Rue) . . . . (Partie de la rue des Trois-Frères.)	Montmartre.	
4	LEPELLETIER (Quai) . . . . (Partie du quai de Gèvres.)	H. Ville.	
18	LÉVISSE (Rue de) . . . . (Absorbée par le boulevard d'Ornano.)	Montmartre	
12	LIBERT (Impasse) . . . . (Impasse de la Nativité.)	Bercy.	
11	LOUIS-PHILIPPE (Rue) . . . . (Rue de Lappe.)	R. de Lyon.	
5	MAÇONS-SORBONNE (Rue des) . . . . (Rue Champollion.)	Sénat.	
14	MAGENTA (Rue de) . . . . (Rue Montbrun.)	Montrouge.	

ARRON- DIS- SEMENT.	NOMS DES ANCIENNES RUES, PLACES, ANCIENS BOULEVARDS, ETC. avec leurs nouvelles dénominations.	BUREAU DISTRIBUTEUR.	
20	MAIRIE-BELLEVILLE (Place de la)... (Place Saint-Blaise.)	Belleville.	
15	MAIRIE-GRENELLE (Place de la).... (Place du Commerce.)	Grenelle.	
18	MAIRIE-MONTMARTRE (Rue de la)... (Rue La Vieuville.)	Montmartre.	
14	MAIRIE-MONTROUGE (Place de la)... (Place de Montrouge.)	Montrouge.	
16	MAIRIE-PASSY (Place de la)........ (Place de Passy.)	Passy.	
15	MAIRIE-VAUGIRARD (Place de la).... (Place de Vaugirard.)	Vaugirard.	
18	MARCHÉ (Place du)............ (Place Torcy.)	La Chapelle.	
8	MARCHÉ-D'AGUESSEAU (Rue du).... (Rue Montalivet.)	Madeleine.	
4	MARCHÉ-SAINT-JEAN (Place du)..... (Emplacement pris par la rue Bourtibourg.)	H. Ville.	
19	MARSEILLE-LA-VILLETTE (Rue de)... (Partie de la rue de Crimée.)	Villette.	
18	MARTYRS (Chaussée des)........... (Partie de la rue des Martyrs.)	Montmartre.	
5	MATHURINS-SAINT-JACQUES (Rue des). (Rue du Sommerard.)	Pl. S'-Michel.	
13	MAZAGRAN (Rue de)............ (Rue Bourgon.)	Gobelins.	
19	METZ-LA-VILLETTE (Rue de)....... (Partie de la rue de Lorraine.)	Villette.	
16	MOLIÈRE (Rue)................ (Partie de la rue d'Auteuil.)	Auteuil.	
6	MOLIÈRE (Rue)................ (Rue Rotrou.)	Sénat.	
8-17	MONCEAUX (Boulevard de)........ (Boulevard de Courcelles.)	B. Courcelles.	
17	MONCEY (Rue, rue Neuve-)........ (Rue Dautancourt.)	Av. Clichy.	
17	MONTAGNES (Rue des),.......... (Rue Belidor.)	Ternes.	
20	MONTAGNES (Rue des)........... (Rue Bisson.)	Belleville.	
19	MOULINS (Rue des)............ (Rue Clavel.)	Belleville.	
18	MOULINS (Rue, rue Petite-des-).... (Rue Norvins.)	Montmartre.	

ARRON-DIS-SEMENT.	NOMS DES ANCIENNES RUES, PLACES, ANCIENS BOULEVARDS, ETC. avec leurs nouvelles dénominations.	BUREAU DISTRIBUTEUR.	
12	MOULINS-REUILLY (Rue des)........ (Rue Lamblardie.)	Pl. du Trône.	
11	MUETTE (Rue de la)............ (Rue des Boulets.)	Prince-Eug.	
19	NANCY (Rue de)............... (Partie de la rue de Lorraine.)	Villette.	
2	NEUVE-MONTMORENCY (Rue)....... (Rue des Panoramas.)	Bourse.	
14	NEUVE-PERNETTY (Rue).......... (Partie de la rue Pernetty.)	Montrouge.	
11	NEUVE-DE-LAPPE (Rue).......... (Rue des Taillandiers.)	R. de Lyon.	
16	NEUVE-DE-LA-PELOUSE (Rue)....... (Rue d'Obligado.)	Ternes.	
13	NEUVE-DE-SEINE (Rue).......... (Rue de la Maison-Blanche.)	Gobelins.	
14	NEUVE-DE-LA-TOMBE-ISSOIRE (Rue)... (Rue Bezout.)	Montrouge.	
7	NEUVE-DE-L'UNIVERSITÉ (Rue)..... (Rue du Pré-aux-Clercs.)	Saints-Pères.	
1	NEUVE-DES-BONS-ENFANTS (Rue).... (Rue Radziwill.)	Av. Napoléon.	
5	NEUVE-St-ÉTIENNE-DU-MONT (Rue)... (Rue Rollin.)	B. St-Germain.	
2	NEUVE-SAINT-SAUVEUR (Rue)....... (Rue du Nil.)	P. St-Denis.	
3-4	NEUVE-SAINTE-CATHERINE (Rue).... (Partie de la rue des Francs-Bourgeois.)	Vieilles-Haud.	
18	NOTRE-DAME (Rue)............. (Rue Saint-Rustique.)	Montmartre	
8	NOTRE-DAME-DE-GRÂCE (Rue)....... (Rue Tronçon-du-Coudray.)	Madeleine.	
8	ORATOIRE-DU-ROULE (Rue de l').... (Rue Billault.)	Ch.-Élysées.	
20	ORILLON (Rue de l')........... (Rue Rampoueau.)	Belleville.	

ARRONDISSEMENT.	NOMS DES ANCIENNES RUES, PLACES, ANCIENS BOULEVARDS, ETC. avec leurs nouvelles dénominations.	BUREAU DISTRIBUTEUR.	
14	ORLÉANS (Vieille route d')........ (Partie de la rue Tombe-Issoire.)	Montrouge.	
19	ORLÉANS-LA-VILLETTE (Rue d')..... (Rue de la Moselle.)	Villette.	
4	ORME (Rue de l')............... (Rue de l'Arsenal et rue Jacques-Cœur.)	R. de Lyon.	
11	ORMEAUX-PARIS (Rue des)......... (Rue de Tunis.)	Pl. du Trône.	
4	ORMES (Quai des).............. (Partie des quais de l'Hôtel-de-Ville et des Célestins.)	H. Ville.	
6	OUEST (Rue de l')............... (Partie de la rue d'Assas.)	R. Rennes.	
17	PAIX-BATIGNOLLES (Rue de la)..... (Rue La Condamine.)	Batignolles.	
3-4	PARADIS-AUX-MARAIS (Rue de)...... (Partie de la rue des Francs-Bourgeois.)	Vieilles-Haud.	
19-20	PARC (Rue du)................. (Partie de la rue de Belleville.)	Belleville.	
19-20	PARIS-BELLEVILLE (Rue de)........ (Partie de la rue de Belleville.)	Belleville.	
20	PARIS-CHARONNE (Rue de)......... (Rue de Bagnolet.)	Prince-Eug.	
16	PAUQUET-DE-VILLEJUST (Rue....... (Rue Pauquet.)	Ch.-Élysées.	
16	PELOUSE (Rue de la)............. (Rue de Saïgon.)	Ternes.	
17	PENTAGONALE (Place)............ (Place Wagram.)	B. Courcelles.	
14	PÉPINIÈRE-MONTROUGE (Rue de la).. (Rue Daguerre.)	Montrouge.	
13	PETIT-BANQUIER (Rue du)......... (Rue Watteau.)	Gobelins.	
2	PETIT-LION-SAINT-SAUVEUR (R. du).. (Partie de la rue Tiquetonne.)	H. Postes.	
5	PETIT-MOINE (Rue du)........... (Rue Vésale.)	Halle Cuirs.	
4	POIRIER (Rue du)............... (Partie de la rue Brise-Miche.)	H. Ville.	
16	POMPE (Partie de la rue de la), aux Ternes.. (Rue Duret.)	Ternes.	

ARRON-DIS-SEMENT.	NOMS DES ANCIENNES RUES, PLACES, ANCIENS BOULEVARDS, ETC. avec leurs nouvelles dénominations.	BUREAU DISTRIBUTEUR.	
5	PONT-AUX-BICHES (Rue du) . . . . (Partie de la rue de la Clef.)	Halle Cuirs.	
5	POSTES (Rue des) . . . . (Rue Lhomond.)	Sénat.	
4	POTERIE-DES-ARCIS (Rue de la) . . . . . (Partie de la rue du Renard.)	H. Ville.	
5	POULES (Rue des) . . . . (Rue Laromiguière.)	Sénat.	
18	PRESSOIR (Cour du) . . . . (Absorbée par la rue Saint-Eleuthère).	Montmartre.	
5	PRÊTRES-St-ÉTIENNE-DU-MONT (R. des) . (Rue Saint-Étienne-du-Mont.)	B. St-Germain.	
16	PUITS-ARTÉSIEN (Rue du) . . . . (Rue Dufrénoy.)	Passy.	
4	PUITS-AU-MARAIS (Rue du) . . . . (Rue Aubriot.)	H. Ville.	
5	PUITS-QUI-PARLE (Rue du) . . . . (Rue Amyot.)	Sénat.	
12	QUATRE-BORNES (Rue des) . . . . (Rue Montéra.)	Pl. du Trône.	
2	RENARD-SAINT-SAUVEUR (rue du) . . . (Partie de la rue Greneta.)	H. Postes.	
12	REUILLY (Impasse, passage de) . . . . . (Rue Rondelet.)	G. de Lyon.	
20	RIVOLI (Cité, impasse de) . . . . (Absorbées par la rue Julien-Lacroix.)	Belleville.	
18	ROBERT-LA-CHAPELLE (Imp., pass., r.). (Absorbés par la rue Séguin.)	La Chapelle.	
18	ROSIERS-LA-CHAPELLE (Rue des) . . . . (Rue des Roses.)	La Chapelle.	
18	ROSIERS-MONTMARTRE (Rue des) . . . . (Partie de la rue de la Fontenelle.)	Montmartre.	
19	ROYALE (Rue) . . . . (Partie de la rue de l'Ourcq.)	Villette.	

ARRON-DIS-SEMENT.	NOMS DES ANCIENNES RUES, PLACES, ANCIENS BOULEVARDS, ETC. avec leurs nouvelles dénominations.	BUREAU DISTRIBUTEUR.	
18	SAUSSAYE (Rue, impasse de la)..... (Rue, impasse des Saules.)	Montmartre.	
6	SEINE (Rue de).............. (Partie de la rue du Sénat.)	Saints-Pères.	
4	SINGES (Rue des)............ (Partie de la rue des Guillemites.)	H. Ville.	
12	SAINT-ANTOINE (Sentier)......... (Rue Sibuet.)	Pl. du Trône.	
18	SAINT-CHARLES (Rue).......... (Partie de la rue des Gardes.)	La Chapelle.	
15	SAINT-CHARLES (Rue).......... (Rue Borromée.)	Vaugirard.	
2	SAINT-CLAUDE-MONTMARTRE (Imp.).. (Impasse Saint-Sauveur.)	H. Postes.	
19	SAINT-DENIS-LA-VILLETTE (Rue).... (Partie de la rue de l'Ourcq.)	Villette.	
18	SAINT-DENIS (Rue, petite rue)...... (Rue du Mont-Cenis.)	Montmartre.	
11	SAINT-DENIS-SAINT-ANTOINE (Rue)... (Partie de la rue des Boulets.)	Pl. du Trône.	
5	SAINT-DOMINIQUE-D'ENFER (Impasse). (Impasse Royer-Colard.)	Sénat.	
2	St-ÉTIENNE-BONNE-NOUVELLE (Rue).. (Rue de la Ville-Neuve.)	P. St-Denis.	
20	SAINT-GERMAIN (Rue).......... (Rue Saint-Blaise.)	Prince-Eug.	
3	SAINT-GERVAIS (Rue).......... (Partie de la rue Thorigny.)	Vieilles-Haud.	
8	SAINT-JEAN-BAPTISTE (Rue)....... (Rue Roy.)	Pl. Havre.	
15	SAINT-LOUIS (Rue, place)........ (Absorbées par la rue Saint-Charles.)	Grenelle.	
14	SAINT-LOUIS (Rue)........... (Rue des Croisades.)	Montrouge.	
6	SAINT-MAUR-SAINT-GERMAIN (Rue).. (Rue des Missions.)	R. Rennes.	
8-9	SAINT-NICOLAS-D'ANTIN (Rue)...... (Partie de la rue de Provence.)	Pl. Havre.	
19	SAINT-OUEN (Rue de).......... (Partie de la rue de l'Ourcq.)	Villette.	
4	SAINT-PAUL (Quai)........... (Partie du quai des Célestins.)	H. Ville.	
11	SAINT-PIERRE-AMELOT (Petite-Rue). (Partie de la rue Saint-Sabin.)	R. de Lyon.	

ARRON-DIS-SEMENT.	NOMS DES ANCIENNES RUES, PLACES, ANCIENS BOULEVARDS, ETC, avec leurs nouvelles dénominations.	BUREAU DISTRIBUTEUR.
2	SAINT-PIERRE-MONTMARTRE (Rue)... (Partie de la rue Paul-Lelong.)	Bourse.
11	SAINT-PIERRE-POPINCOURT (Rue).... (Partie de la rue Amelot.)	Chât.-d'Eau.
5	SAINT-THOMAS-D'ENFER (Rue)...... (Rue Malebranche.)	Sénat.
5	SAINT-VICTOR (Place)........... (Place Jussieu.)	B.S'Germain.
18	SAINT-VINCENT (Impasse)........ (Impasse du Tertre.)	Montmartre.
2	Ste-BARBE-BONNE-NOUVELLE (Rue)... (Rue Pourtalès.)	P. S'-Denis.
16	SAINTE-GENEVIÈVE (Place)....... (Place Sainte-Périne.)	Auteuil.
14	SAINTE-LÉONIE (Rue)........... (Partie de la rue Pernetty.)	Montrouge.
18	SAINTE-MARIE-BLANCHE (Rue)...... (Rue Constance.)	Montmartre.
17	SAINTE-MARIE-DES-TERNES (Rue).... (Rue Brunel.)	Ternes.
18	TÉLÉGRAPHE-MONTMARTRE (Rue du). (Rue Chappe.)	Montmartre.
16	TÉLÉGRAPHE-PASSY (Rue du)....... (Partie de la rue Saint-Didier.)	Passy.
6	TOURNON (Rue de)............. (Partie de la rue du Sénat.)	Sénat.
18	TRAINÉE (Rue, impasse)......... (Rue, impasse Norvins.)	Montmartre.
15	TRANSIT-GRENELLE (Rue du)...... (Partie de la rue de l'Abbé-Groult.)	Grenelle.
14	TRANSIT-MONTROUGE (Route du)... (Rue d'Alésia.)	Montrouge.
18	TROIS-FRÈRES (Escalier des)....... (Rue Drevet.)	Montmartre.
3	TROIS-PAVILLONS (Rue des)....... (Rue Elzévir.)	Vieilles-Haud.

ARRON- DIS- SEMENT.	NOMS DES ANCIENNES RUES, PLACES, ANCIENS BOULEVARDS, ETC. avec leurs nouvelles dénominations.	BUREAU DISTRIBUTEUR.	
8	VALOIS-DU-ROULE (Rue de) :		
	1, 2 à 49, 38	B. Courcelles.	
	51, 40 à fin . . . . (Partie de la rue Monceaux.)	Pl. Havre.	
5	VIEILLE-NOTRE-DAME (Rue) . . . . (Partie de la rue de la Clef.)	Halle Cuirs.	
18	VIERGE (Rue de la) . . . . (Rue de la Madone.)	La Chapelle.	
1-2	VIEUX-AUGUSTINS (Rue des) . . . . (Rue d'Argout.)	H. Postes.	
18	VIEUX-CHEMIN (Rue du) . . . . (Rue Ravignan.)	Montmartre.	

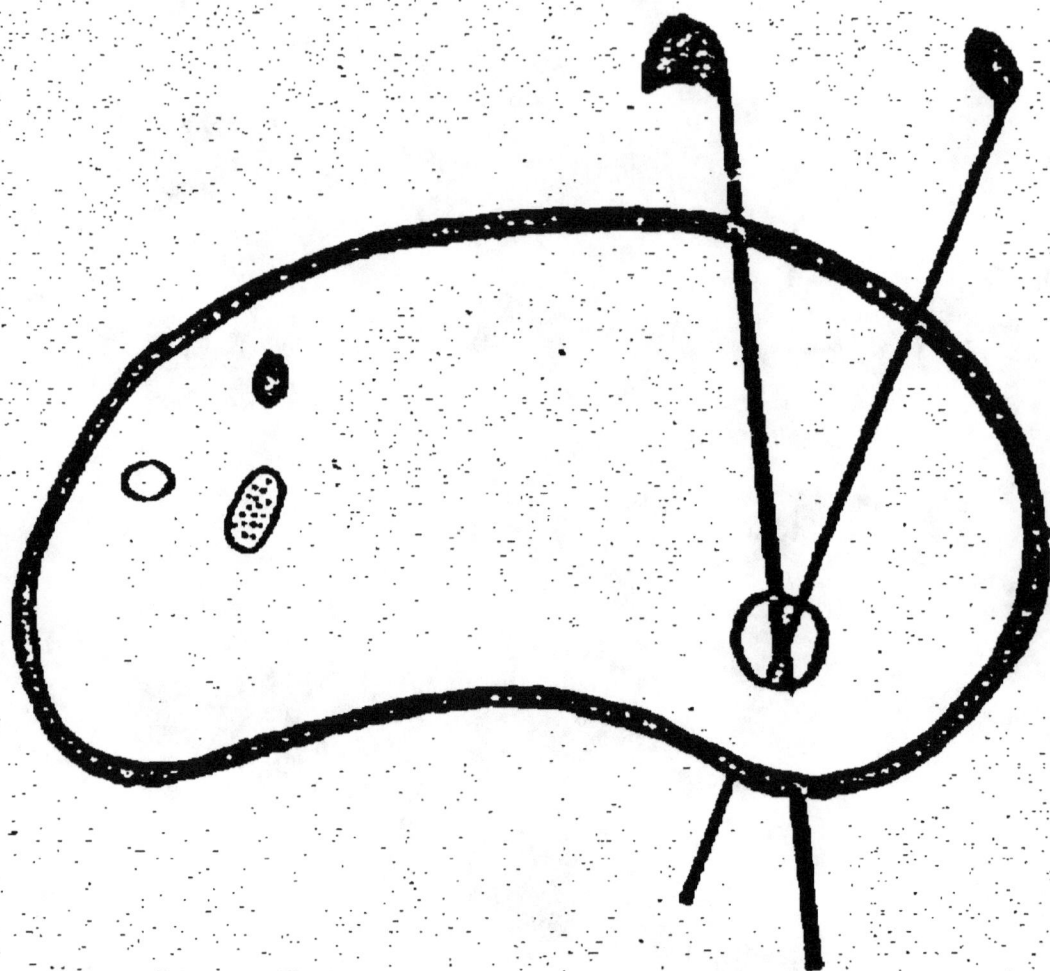

ORIGINAL EN COULEUR

NF Z 43-120-8

www.ingramcontent.com/pod-product-compliance
Lightning Source LLC
Chambersburg PA
CBHW070814270326
41927CB00010B/2415